사는 것도 모르면서 죽음을 어찌 아느냐

사는 것도 모르면서 죽음을 어찌 아느냐

21세기 공자와의 대화

황의동 지음

서광사

사는 것도 모르면서 죽음을 어찌 아느냐

21세기 공자와의 대화

황의동 지음

펴낸이 | 김신혁, 이숙
펴낸곳 | 도서출판 서광사
출판등록일 | 1977. 6. 30.
출판등록번호 | 제 406-2006-000010호

(10881) 경기도 파주시 회동길 77-12 (문발동)
대표전화 (031) 955-4331 팩시밀리 (031) 955-4336
E-mail : phil6161@chol.com
http://www.seokwangsa.co.kr | http://www.seokwangsa.kr

제1판 제1쇄 펴낸날 — 2017년 9월 30일

ISBN 978-89-306-2946-1   93150

　이 책은 대표적인 동양철학의 하나인 유학을 이 시대의 관점에
서 조망해 본 글이다. 유학, 유교, 유도, 유가라고 부르는 유가 철학
은 중국에서 발상해 수천 년 동안 동아시아 문화의 중핵으로 기능
해 왔다. 특히 우리나라의 경우는 한자 전래와 함께 원시 유교 문화
가 들어와 삼국시대를 거쳐 불교 국가였던 고려는 물론, 조선에 이
르기까지 수천 년 동안 한국인의 정신적 자양분으로 자리해 왔다.
우리가 크리스천이든 부처님을 믿는 불자이든 간에 한국인이면 누
구나 김치 깍두기를 먹고 자라고 된장국을 좋아하듯이, 유학은 우
리 곁을 지켜 왔고 알든 모르든 우리의 생활 속에 깊숙이 투영되어
왔다. 물론 오늘날 유교 문화는 깜박깜박 시들어 가고 우리 곁에서
점점 멀어지고 있지만, 그래도 유학 자체의 본질과 의미는 결코 과
소평가될 수 없다.

필자는 한국 성리학을 공부하고 전공해 온 사람으로 늘 유학의 품에서 살아왔다. 운명적으로 유학은 내 일이 되었고 내 일상이 되었다. 많은 논문을 쓰고 책을 쓰고 강의도 많이 해 왔다. 이제 내 나이 칠순에 들어서니 유학이 뭔지 조금 보이는 것 같다. 지난날 알지도 못하면서 학생들에게 강의하고 대중들에게 떠든 것이 부끄럽기만 하다. 학문의 길은 멀고 멀지만 이제야 조금 보이기 시작하는 공자의 가르침, 유학의 정신을 대중에게 널리 알리고 싶다. 이 책에 대한 나의 기획은 오래되었다. 사실 기독교는 한글화된 성경을 통해 지식 유무를 떠나 쉽게 접근할 수 있고 비교적 쉽게 이해할 수 있다. 이 점이 기독교가 한국에서 성공한 비결이라고 생각한다. 이에 비해 전통 사상인 유교나 불교는 교설의 한글화에 노력을 게을리 했다. 솔직히 오늘날 일반 대중들이 유학이 무엇인지를 쉽게 알수 있는 책이 거의 없다. 사서삼경을 읽고 퇴계 율곡을 공부해도 진정 유학의 정신을 알기는 쉽지 않다. 그리하여 필자는 유학의 정신과 본질, 이 시대에서의 유학의 의미 등을 쉽게 안내해 줄 수 있는 책이 없음을 늘 안타까워하였다. 어떻게 하면 유학의 진수를 설명할 수 있을지, 무엇이 유학의 근본정신이며 유학은 이 시대에 우리에게 왜 필요한지를 요령 있게 설명해 주고 싶었다. 이러한 의도와 필요성에서 집필한 것이 이 책이다. 내 나름대로는 유학의 정신을 논리적으로 정리해 본다고 해 보았지만 미흡하고 부족할 것이다. 또 혹시 내가 유학을 곡해하거나 잘못 이해하고 있는지도 모른다. 그 잘못은 전적으로 필자의 몫이다.

필자는 오늘의 이 세상이 지나치게 신 중심으로 치닫는 데 대해 우려하는 입장이다. 또 다른 한편으로는 첨단 과학기술 앞에 무력하게 보이는 인간의 위상을 걱정해 본다. 또한 강아지, 고양이를 사람보다 더 예뻐하고 귀하게 여기는 현상에 대해서도 탄식을 하게 된다.

또한 현대사회는 지나치게 개인주의에 빠져 공동체에 대한 희생정신과 봉사 의식이 희박하다. 나아가 이기주의로 흘러 나만의 이익과 행복을 추구한다. 이러한 관점에서 우리가 살아가는 세속은 더럽고 추악하다고 생각한다. 온갖 스트레스의 발원지요 몸과 마음의 병이 드는 못살 곳이라고 생각한다. 그래서 이 세속을 부정하고 저 조용하고 깨끗한 곳으로 마음을 돌리고 떠나려 한다.

유학은 현대가 당면한 이러한 문제 해결에 매우 적합한 대안이 될 수 있다. 비록 유학이 오늘날 초라한 모습으로, 역사의 뒷골목에서 방치되어 버림받고 있지만, 그 내면에 함축된 유학의 정신과 본질은 결코 소홀히 할 수 없다. 오히려 이 시대에 더욱 필요하고 이 시대를 치유하는 대안적 의미가 크다. 이 책이 이러한 유학의 정신을 독자들에게 조금이라도 전달할 수 있다면 참으로 다행이다. 나는 성동산(聖東山) 아래 태암도장(台巖道莊)에 둥지를 틀고 새로운 삶의 도정에 서 있다. 그동안 힘들게 살아오면서 많은 분들의 은혜를 받았다. 늘 격려해 주시고 용기를 주신 일송 송하섭(一松 宋夏燮) 선생님, 원법(元法) 큰 스님, 내 인생의 멘토이신 연산 류칠로(連山 柳七魯) 형님, 동학(同學)의 길을 함께 걸어 온 고마운 친구인계 최영찬(仁溪 崔英攢) 교수님, 그리고 내가 힘들 때 사랑과 질책으로 지팡이가 되어 준 현해당(懸解堂)에게도 감사한다. 아울러 어려운 여건에서도 문화 창달의 신념으로 이 책을 발간해 주신 서광사 김신혁 사장님과 이숙 부사장님을 비롯한 편집진 여러분께도 감사의 인사를 드린다.

2017년 8월

태암도장(台巖道莊)에서 황의동

•• 차례 ••

이 책을 내면서　　　　　　　　　　　　　　　　　　　5

제1부　인간과 신
　　1. 신이 아니라 '인간'　　　　　　　　　　　　　13
　　2. 인간은 신의 자식　　　　　　　　　　　　　　25
　　3. 인간은 작은 하느님　　　　　　　　　　　　　33
　　4. 인간은 신을 대신한다　　　　　　　　　　　　39

제2부　인간과 자연
　　1. 인간은 자연의 자식　　　　　　　　　　　　　47
　　2. 자존(自存)과 공존(共存)의 하모니　　　　　　53
　　3. 형상(形上)과 형하(形下)가 묘하게 얽혀진 존재　　57
　　4. 서로 다른 것이 함께 공존하는 세계　　　　　　63

제3부　죽음보다 삶
　　1. 사는 것도 모르면서 죽음을 어찌 아느냐　　　　71
　　2. 착하게 살면 복 받고 악하게 살면 벌 받는다.　　77
　　3. 세속을 떠나지 않고 책임진다.　　　　　　　　83

제4부 인간, 나는 누구냐?

    1. 온전한 인간, 거룩한 인간   89

    2. 영혼과 육신의 동거, 그 신비   105

    3. 동거 속의 협력과 갈등, 그 딜레마   113

    4. 선악의 본원, '욕망'의 문제   121

    5. 두 가능성을 지닌 인간의 멋   127

제5부 인간의 길, - 책임은 무겁고 갈 길은 멀다 - 임중도원(任重道遠) -

    1. 본성대로 사는 것이 사람다운 길 - 솔성지도(率性之道) -   135

    2. 죽을 때 까지 이 걸음으로 - 수기(修己) -   141

    3. 자기완성과 사회 실현 - 내성외왕(內聖外王) -   159

    4. 아는 것과 행하는 것의 일치 - 지행일치(知行一致) -   169

    5. 최선을 다해 인문 세계를 창조하다.   175

제6부 인간을 위한 세상 - 대동(大同), 왕도(王道)의 실현 -

    1. 사랑이 가득한 세상 - 인(仁)의 사회 -   183

    2. 조화와 균형의 건강 사회 - 중용(中庸) -   195

    3. 물질적 풍요와 도덕적 정의의 구현 - 의(義)와 이(利) -   203

    4. 예의와 즐거움이 어우러진 세상 - 예(禮)와 악(樂) -   211

    5. '인간'을 위한 세상   221

    6. '백성'을 위한 정치   229

부록 유학이란 무엇인가?   239

1부

인간과 신

신에 의해 창조된 세상, 조물주가 만든 아름다운 세상이지만, 그 중심에 인간이
있고, 인간이 신의 대행자로서, 하늘의 자식으로서 경영의 무거운 중책을 담당하고
있는 것이다. 이 세상이 살 만한 세상인가 아닌가, 이 세상이 천국인가 지옥인가는
저 외계인에 의해 만들어지는 것이 아니라 우리 인간 자신의 몫이다.

1
신이 아니라 '인간'

인간 그리고 사회에 대한 관심

유학은 무엇을 걱정하는가? 유학이 가장 관심을 갖는 것이 무엇인가? 그것은 '인간'이다. 그리고 인간들이 모여 사는 '사회'다. 하늘과 땅이 있지만 주된 관심사는 인간이다. 신과 자연이 있지만 인간을 목적으로 삼는다. 유학은 인간을 대상으로 한 학문이요 철학이다. 그런 점에서 유학은 인간학이라 불러도 좋다. 유학의 입장에서 보면 하늘과 땅이 위대하다 해도 인간보다 더 위대할 수 없고, 신이나 자연이 위대하다 해도 인간보다 더 위대할 수 없다. 이 점이 유학이 다른 종교나 철학과 분명히 구별되는 점이다. 유학의 여러 경전들은 모두가 한결같이 인간의 문제를 다루고 있고, 이를 학문적으로 깊이 있게 논의하고 있다.

『대학』은 유학의 체계를 수신, 제가, 치국, 평천하로 설명한다. 인간 개인의 자기 관리로부터 가정관리, 사회적 역할과 윤리, 지구촌 시민으로서의 역할과 윤리를 말하고 있다. 『중용』은 천인합일의 입장에서 인간이 가야 할 길을 성(誠)과 중(中)을 중심으로 설명하고 있다. 자연의 이치가 참되듯이 인간의 마음도 참된 것이며, 인간이 가야 할 길도 참되어야 한다고 말한다. 또한 인간의 개인적 처세와 사회적 윤리로서 중용의 덕을 강조하고 있다. 『논어』는 공자의 언행을 기록한 책으로 인(仁)에 관한 해설과 군자의 길에 대해 설명하고 있다. 인간의 본질로서의 인, 인간이 가야 할 길로서의 인을 말하고 있다. 그리고 군자의 길을 통해 역시 인간의 길을 제시해 주고 있다. 『맹자』는 정치철학을 다룬 책이지만 다른 한 편으로는 인간의 심성 세계와 수양론을 깊이 있게 다루고 있다. 즉 인간의 내면 세계를 말하면서 인간 완성의 길을 안내해 주고 있다. 『주역』은 우주 자연과 인간의 원리를 입체적으로 설명한 철학서다. 정치, 철학, 윤리, 교육, 수리, 예언 등 다양한 색채를 지닌 경전이다. 특히 우주와 인간의 현상을 음(陰)과 양(陽)으로 보고 이를 상보적 관점에서 조명하고 있다. 서로 반대되는 성질이 공존해 있는 우주와 인간의 신비를 종합적으로 설명해 준다. 『서경』은 중국 고대 제왕들의 정치철학을 가르쳐 주고 있으며, 『시경』은 중국 고대의 시가들을 모아 엮은 책으로 문학적인 면과 철학적인 면을 아울러 지니고 있다. 『춘추』는 중국 노나라의 역사를 기술한 것으로 정치철학서인 동시에 역사철학서라고 할 수 있다. 이렇게 볼 때, 유학의 모든 경전들은 한결같이 인간의 문제, 사회의 문제를 다루고 있다. 인간의 존재를 깊이 성찰하다 보니 우주 자연의 문제를 고민하지 않을 수 없으므로 여기서 이기론(理氣論)이 나오고 태극음양론이 나오게 된 것이다. 유학은 선진유학, 성리학, 양명학, 예학, 실학을 막론하고 모두가 인간의 문제, 그 인간들이 모여 사는 사회를 근심하고 걱정하는 데 공통점이 있다. 인간의 존재 근거를 말하기 위해 하늘 땅을 말하고, 우주 자연을 말하고, 또 신을 말하고 하느님을 말하고 있지만, 주된 관심은 인간에 있고 그들이 모여 사는 사회에 있다. 인간은 어떤 존재인가? 인간의 마음, 본성, 감성은 무엇인가? 인간에게 선은 무엇인가? 인간이 가야 할 군자, 성인의 길은 무엇인가? 인간의 수양의 길은 무엇인가? 가정이란 무엇이며 무엇을 할 수 있는가? 가정의 윤리는 무엇인가? 사회, 국가의 역할과 윤리는 무엇인가? 세계시민의 역할은 무엇이며 그 윤리는 무엇인가? 정치, 경제, 교육, 군사, 행정 등 사회적, 정치적 이론과 실제는 무엇인가? 이 모든 것이 유학의 관심사요 유학의 영역이다. 그러므로 유학은 종합적인 학문이다. 철학, 문학, 사학, 정치학, 경제학, 행정학, 교육학, 법학, 군사학, 언론학, 윤리학, 기술학, 미학 등 다방면을 망라한 학문 체계다. 그리고 그 중심에는 항상 인간이라는 가치가 자리하고 있다. 인간이란 어떤 존재이며 인간은 어떻게 살아야 하는가 하는 문제가 가장 중핵적인 화두가 된다. 유학의 경전이란 이를 설명한 것에 지나지 않는다. 그러므로 유학은 인간학이고 정치철학이요, 사회철학이다.

물론 동서양의 여타 종교나 사상들 모두가 인간의 문제를 고민하고 거론한다. 그러나 엄밀히 생각해 보면 유학만큼 인간을 중심에 놓고 인간의 문제를 고민하는 철학은 드물다. 그래서 우리는 유학을 서슴없이 '인간학'이라고 규정한다. 『중용』에서 "도(道)라는 것은 잠시도 나를 떠날 수 없는 것이니, 떠날 수 있다면 도가 아니다"라고 하였다. 이 도는 하늘의 도도 아니고 자연의 도도 아니다. 이 도는 인간의 도 즉 인도(人道)인 것이다. 도는 잠시도 인간을 떠날 수 없다. 만약 인간을 떠나 도를 말한다면 그것은 진정한 의미에서 도가 아니다. 유학의 이 도는 인간이 살아가는 바른 길이고 인간이 마땅히 가야 할 길이다. 밥을 먹는 데도 도가 있고 노래를 하는 데도 도가 있다. 공부를 하는 데도 도가 있고, 청소를 하는 데도 도가 있다. 돈을 버는 데도 도가 있고 친구를 사귀는 데도 도가 있다. 인간이 살아가는 일거일동에 도가 있다. 한 발자국 내딛는 데마다 도가 있다. 그러므로 우리는 이 도를 떠나 잠시도 살 수 없는 것이고 이 도는 나에게 먼 것이 아니다. 일상생활 곳곳에서 우리는 이 도를 길로 삼아 걸어가야 하고 살아가야 한다. 바꿔 말하면 진정한 철학은 인간을 떠나서는 안 되고 인간을 떠날 수 없다. 오늘날 현대 철학이 인간의 삶과 무관하게 형이상학적인 현학(玄學)을 농하고 일종의 논리 기술로 전락하는 현상은 반성해야 할 일이다.

우리는 흔히 유학의 진리를 일컬어 도라고 부른다. 그 도는 존재론적 의미도 있고 규범적 의미도 있다. 도가는 자연의 도를 문제 삼지만, 유학은 인간의 도를 문제 삼는다. 도가는 자연 속에서 인간을 이해하지만, 유학은 인간을 설명하기 위해 하늘과 땅, 신과 자연을 얘기한다.

유학은 천도(天道)를 말하더라도 인도(人道)를 위해 사용하는 말이다. 중심은 인도에 있지 천도에 있지 않다. 천도, 자연의 도가 아니라 인간의 길 즉 인도를 묻고 고민하는 데 유학의 특징이 있다.

하늘, 땅보다 사람

유학은 일찍이 이 세상의 중심적 존재로서 하늘(天)과 땅(地)과 인간(人)을 일컬어 왔다. 하늘은 무한의 존재로서 시간을 주관하고, 땅은 유한의 존재로서 공간을 주관하고, 그 속에 사는 인간은 하늘과 땅을 이용하고 만물을 주관한다고 보았다. 하늘과 땅은 인간과 만물이 사는 삶의 터전이요 보금자리다. 그 속에서 만물은 저마다의 생을 영위한다. 『서경』에서는 "오직 하늘과 땅은 만물의 어미요, 오직 사람은 만물의 영장"(『태서 상』泰誓 上)이라고 하였다. 하늘과 땅은 만물의 부모요 어버이라고 할 수 있다. 『주역』 또한 하늘을 남성화하여 아버지로 보고 땅을 음성화하여 어머니로 보았다. 또 하늘은 남편으로 땅은 아내로 보아 왔다. 하늘과 땅이라는 자연을 의인화시켜 남성화하고 여성화시켜 설명하였다. 이 세상에 존재하는 모든 것들은 하늘과 땅에서 낳아서 자라고 꽃을 피우고 열매를 맺는다. 하늘과 땅은 만물의 부모와 같다. 나의 생명을 준 근원이요 내 생명이 태어나 생장한 곳이다. 부모 없는 자식이 어디 있으랴. 하늘과 땅은 분명 만물의 근원이고 인간의 모태다. 하늘과 땅은 넓게 보면 인간, 동물, 식물, 사물을 낳았다. 그런데 그 가운데 가장 총명하고 가장 훌륭한 존재가 사람이다. 그래서 유학에서는 인간을 가리켜 만물의 영장이라 부른다. 송나라의 유학자 주렴계(周濂溪)는 "오직 사람만이 그 빼어남을 얻어 가장 신령스럽다"(태극도설太極圖說)고 하였다. 순자(荀子)는 말하기를 "하늘은 그 때를 가지고 있고, 땅은 그 재물을 가지고 있고, 사람은 그 다스리는 능력을 가지고 있으므로, 이를 일러 능히 참여한다고 하는 것이라"(『순자』, 천론天論)하였다. 이 세상은 하늘과 땅과 사람의 공동 경영이라고 말할 수 있다. 하늘은 시간을 주관한다. 봄, 여름, 가을, 겨울의 사시 운행, 낮과 밤의 하루 운행, 시시각각의 시간이 하늘에 의해 이루어지는 것이다. 또한 땅은 만물에게 공간을 제공한다. 만물이 자리 잡고 살고 자기 삶을 실현하고 의탁해 사는 공간이 땅이다. 그리고 그 속에서 재물이 생산되어 만물의 생존을 책임진다. 하늘은 하늘대로 땅은 땅대로 위대하지 않은가? 그들이 없다면 만물은 생존할 수 없다. 현대 과학은 이 지구도 언젠가는 없어질 것으로 보고 있고, 저 태양도 언젠가는 뜨거운 불길이 꺼지는 날이 있으리라고 본다. 우리는 매일 변함없는 하늘과 땅을 보면서 당연해 하지만, 하늘과 땅의 변고를 생각하면 끔찍하기만 하다.

인간은 하늘과 땅의 자식이지만 가장 영특하여 만물을 다스리는 문화 능력을 가지고 있다. 이 세상이 열린 이후 다른 동식물들은 달라진 것이 없다. 그들 스스로 자기 삶의 방식을 획기적으로 바꾼다거나 인간이 깜짝 놀랄 만한 변화를 볼 수가 없다. 개는 역시 개이고 돼지는 역시 돼지일 뿐이다. 아무리 똑똑하게 길들여진 동물도 인간의 위대한 지성 앞에서는 비교가 안 된다. 유학은 인간이 하늘과 땅을 부모로 하여 태어난 소산자임을 인정한다. 그리고 자연의 위대함, 신의 거룩함에 겸손할 줄 안다. 그렇지만 인간이 이 세상의 주인이요 우주 경영의 주체임을 확신한다. 인간이 이 세상의 주인이라는 생각, 이것이 유학의 중요한 깨달음이다.

중국 한나라 때의 유학자 동중서(董仲舒)는 "하늘과 땅과 인간은 만물의 근본이다. 하늘은 그것을 낳고, 땅은 그것을 기르고, 사람은 그것을 이룬다"(「춘추번로」春秋繁露)고 하였다. 여기서도 하늘과 땅과 인간은 만물의 근본으로 규정된다. 그리고 하늘은 만물을 낳고 땅은 만물을 양육하고 사람은 만물을 완성시킨다고 그 역할을 구별해 설명하였다. 여기서 하늘이 만물을 낳는다는 표현은 아버지의 역할, 남편의 역할을 상징한 것이고, 땅이 만물을 기른다는 표현은 엄마가, 아내가 자식을 양육하는 것을 말한 것이다. 여기에 사람은 만물을 완성시키는 역할로 규정하고 있는데, 이는 이 세상의 모든 것을 인간이 주관한다고 보는 것이다. 즉 인간의 지혜와 능력을 통해 자연을 변화시키는 인문적 노력을 지칭한 것이라고 할 수 있다. 비록 인간이 하늘 아버지와 땅 어머니의 자식으로 태어났지만, 태어난 이후에 있어서는 인간의 역할이 중요하다고 본다. 그것은 하늘과 땅을 이용하고 만물을 이용하는 능력이 인간에게 있다고 보기 때문이다. 즉 이 세상은 인간을 통해 비로소 하늘과 땅의 존재 의미가 드러나고 만물의 존재 의미가 실현될 수 있다고 보는 것이다.

신, 자연보다 사람

하늘과 땅 사이에 우뚝 선 인간을 생각해 보았는데, 그 하늘은 다시 신으로 전환해 생각해 볼 수 있고 땅은 자연으로 전환시켜 생각해 볼 수 있다. 신, 자연, 인간의 존재론적 지평에서 유학은 어떤 태도를 갖게 되는가? 기독교가 신을 강조한다면 도가 철학은 자연을 중심으로 얘기를 엮어 간다. 유학은 신도 아니고 자연도 아닌 '인간'을 문제 삼는다. 제자 자로(子路)가 귀신을 섬기는 것에 대해 질문하자, 공자는 "사람도 아직 섬기지 못하면서 귀신을 어찌 섬기느냐"(『논어』, 선진先進)고 반문하였다. 공자는 신을 섬기는 것이 중요한 것이 아니라 인간을 섬기는 것이 먼저라고 대답하였다. 또 어느 날 마구간에 불이 났는데 공자가 퇴근해서 말하기를, "사람이 다쳤는가?" 묻고는 더 이상 묻지 않았다.(『논어』, 선진先進) 화재가 났다는 말을 듣고 공자의 첫 마디 물음은 "혹시 사람은 안 다쳤느냐"는 물음이었다. 말이 몇 마리나 죽고 얼마나 다쳤는가를 묻지 않았던 것이다. 여기서도 짧은 일화 속에 공자의 관심은 동물이 아니라 인간 생명에 있었음을 알 수 있다. 공자는 또 "귀신을 공경하되 멀리 하라"(『논어』, 옹야雍也) 하여, 신을 가까이 할 수도 없고 멀리 할 수도 없는 존재로 이해하였다. 즉 신을 무조건 숭배하여 맹종하는 것도 지양하고, 그렇다고 신을 무시하고 배척하는 것도 지양하는 태도다. 유학의 입장은 인간보다 거룩한 신의 존재를 인정하여 경외하지만, 그렇다고 신의 노예가 된다거나 신 앞에 무능한 인간이 될 수는 없는 것이다. 역사적으로 보아도 묵자(墨子)의 경우는 철저한 유신론자로 하늘은 의지를 가진 존재로 파악되었지만, 순자의 경우는 하늘을 기계적, 자연적인 천으로 보아 하늘의 신비로운 능력을 거부하고 인간과 하늘은 전혀 관계가 없다고 보았다. 또 오늘날 현대사회에서도 한 편에서는 신에 대한 믿음과 성실한 순종으로 신에 의지해 살고 죽어서도 신의 은총을 기다리며 사는 사람들이 있다. 반면 신의 존재를 부정하고 인간의 능력과 의지를 통해 살고자 하며 죽음 이후 천국과 극락에 대한 복음에 회의적인 사람들이 있다. 적어도 유학은 이 양자의 사이에서 중용적 입장에 서 있다고 보인다. 인간은 거룩하고 전지전능한 신 앞에서 겸손해진다. 인간의 한계성을 느끼면 느낄수록 인간은 작아지고 부끄럽고 겸손해진다. 그렇지만 인간은 위대한 존재다. 이 세상의 주인이며 만물을 주관한다. 인간의 능력은 신의 능력에까지 접근하고 있다. 무엇보다 이 세상은 인간으로 인해 그 의미가 드러나고 하늘과 땅, 신과 자연조차 인간을 통해 그 의미가 드러난다는 점에서 인간의 위대성은 새삼스레 재인식된다. 이렇게 볼 때, 공자가 신에 대해 '공경하지만 멀리 하라'고 한 말은 시사하는 바 교훈이 크다.

현대사회는 인간이 버림받는 소외 현상이 일반화되어 있다. 첨단과학의 발달로 물질적 풍요로움이 보장되고 편리한 생활을 즐기는 현대인들에게 인간은 역설적으로 버림받고 있다. 문명의 이기는 인간에게 편리함을 주었지만 도리어 그 문명의 기기들에 의해 조종 당하고 있다. 우리들의 사생활은 일거일동 감시당하고 있다. 창살 없는 감옥이다. 알파고의 탄생으로 인간의 존엄성은 무너지기 시작 했다. 인간의 탐욕에 의해 만들어진 물질은 또 인간을 소외시키고 있다. 인간의 행복을 위해 만들어진 물질이, 돈이 오히려 우리를 이 용하고 슬프게 한다. 많은 사람들이 돈을 벌기 위해 살고 돈 때문에 죽는다. 돈은 삶의 지고한 가치가 되어 버렸고, 그 와중에서 인간은 돈의 노예로 전락한다.

　또 다른 한편으로 인간은 신에 의해 버림을 받고 있다. 21세기 이 문명 시대에 아직도 중세적 신의 시대를 사는 사람들이 우리 곁 에 많다. 그들에게는 신 밖에 보이지 않는다. 사람은 보이지 않고 가족도, 친우도 보이지 않는다. 오로지 신을 믿고 신을 경배하고 신 에 의지해 살아간다. 종교는 이 시대에 희망을 주고 마음의 평화와 용기를 주지만, 미신이나 광신 그리고 맹신은 경계해야 한다. 건전 한 신앙 문화가 필요하고 올바르게 믿는 지혜가 요청된다. 신을 향 해 경배하되 사람도 볼 줄 알아야 한다. 인간은 신에 의해 운명적으 로 던져진 존재지만, 한편 운명을 헤쳐 나가는 강한 존재다. 인간은 신에 대해 겸손하고 공경하지만, 또 다른 한편으로는 인간의 자아 를 통찰하고 스스로 운명을 개척해 나가야 한다. 신을 공경하되 멀 리하라는 공자의 말은 이 시대 우리의 올바른 신앙 태도를 가르쳐 준다. 신만을 믿고 의지하면 인간은 아무것도 할 수가 없다. 인간은 신의 노예가 된다. 유학은 신 앞에 겸손하면서도 인간의 존엄을 당당히 선언하고 세상 앞에 서는 것이다.

2
인간은 신의 자식

    유학은 인간과 신을 어떻게 생각하고 있는가? 유학의 경전들은 이 신을 여러 가지 말로 표현한다. 천(天)이라고도 하고 신(神)이라고도 하고 제(帝)라고도 한다. 오늘날 우리는 이를 신이라고도 부르고 하느님이라고도 부른다. 동서양을 막론하고 인간의 이성이 아직 밝지 못했던 몽매의 시간에는 신의 세계, 신화의 역사가 만들어지고 존재해 왔다. 유학에서도 공자 이전에는 하늘이 신의 개념으로 이해되고 인격신으로 해석되었다. 하늘은 인간의 창조적 근원자이면서 생사화복을 주관하는 거룩한 존재요 두려움의 존재다. 물론 순자 같은 이는 이러한 종교적 천을 벗어던지고 과학적이고 자연적인 천을 이해한 선구자였지만, 우리나라만 해도 천을 과학적으로 이해하게 된 것은 실학 시대 이후의 일이다. 지진, 가뭄, 홍수, 태풍, 일식, 월식 등 자연의 이변에 대해 의지를 가진 하늘의 표현이요 소리라고 보았다. 유학의 경우도 이렇게 천을 종교적으로, 신앙의 대상으로 보아 온 역사가 있다.

특히 이러한 종교적 천은 유학의 효(孝) 윤리와 맞물려 하나의 논리적 그물을 형성한다. 나는 부모의 자식이고 또 부모는 조부모의 자식이다. 위로 그 근원을 거슬러 올라가면 5대조, 6대조 그리고 시조에 이른다. 그래서 동서양 모든 인간의 근원으로 가면 인간의 정점에 하늘이 있고, 나아가 풀 한포기, 나무 한 그루 그리고 소나 말, 모든 동물의 근원을 말하게 된다. 이 세상 만물의 근원으로서의 조물주를 하느님이라고도 하고 천이라고도 하고 신이라고도 한다. 유학의 신은 조상신이라고 할 수 있다. 우리 개인은 부모에 대한 효를 통해 위로 이어지고, 또 사후 조상에 대한 공경 즉 효의 연장 선상에서 하늘까지 닿는다. 효에서 조상숭배로 그리고 경천(敬天)으로 이어지는 이 신앙의 길이 유학의 종교적 모습이다. 유학이 종교냐 아니냐 논란이 많지만, 유학은 불교나 기독교와 같은 고등 종교는 아니지만 조상숭배와 유교적 의례를 통해 종교적 일면을 가지고 있다. 유교는 사람이 죽었을 때 어떻게 그를 보내 주어야 하고, 죽은 이후 그를 어떻게 추모해야 하는가에 대해 많은 관심과 고민을 해 왔다. 그것이 바로 예(禮)라는 형식으로 구체화되어 상례, 제례가 되어 사람들에게 교육되고 오랜 세월 동안 하나의 규범으로 중시되어 왔다. 조상신의 존재를 인정하고 감사해 하고 추모하는 마음을 길이길이 간직하는 예법이 세밀하게 구성되어 왔다. 또 죽은 자를 마치 산 사람처럼 존엄하게 여기고 경건하고 엄숙하게 보내는 절차와 의식이 상례의 형식으로 세밀하게 만들어져 전해 오고 실천되어 왔다.

이렇게 볼 때, 유학에서의 신은 내 생명의 근원으로서 의미를 갖는 것으로 매우 합리적인 측면이 있다. 우리 모두는 신의 자식들이다. 적어도 유학에서는 조상신으로서의 하느님이다.

그러면 이 신, 이 하느님과 나와의 관계는 어떠한가? 전통적인 신은 인간에게 길흉화복을 주관한다. 여기서 인간과 신의 관계는 주종의 관계, 상하의 수직적 관계가 된다. 그리고 신은 전지전능하고 거룩한 존재지만, 인간은 무지몽매하고 죄 많은 존재로서 약자가 된다. 그리고 신은 완전자로서 무한한 능력을 가진 두려운 존재지만, 인간은 유한한 존재로서 신의 도움이 필요하다. 인간이 아닌 타자의 손길이 필요한 것이다. 이것이 바로 신앙의 길이요 종교의 길이다. 그런데 유학은 이 점에서 구별된다. 유학은 인간 존재를 위대하게 본다. 만물의 영장이며, 이 세상의 주인공이다. 그러므로 천국이나 극락세계에 가는 것도 내가 노력하면 된다. 그러므로 유학은 "선을 쌓는 집안에는 반드시 축복이 넘쳐흐르고, 악을 쌓는 집안에는 반드시 재앙이 넘친다"(『주역』, 곤괘문언坤卦文言)고 말한다. 천국과 지옥이 하느님에 의해서가 아니라 내가 어떻게 사느냐에 달려 있다는 말이다. 유학의 이러한 생각은 매우 합리적이다. 신을 믿는 자는 구원해 주고 신을 믿지 않는 자는 구원해 주지 않는다고 말하지 않는다. 천국과 지옥, 길흉, 화복이 모두 나의 노력 여하에 달려 있다고 보는 것이다. 이 점에서 유교의 종교성은 매우 미약해진다.

유학에서 이 신을 어떻게 보는가 하는 것은 학자에 따라 견해가 다를 수 있다. 이 신, 이 천을 인격신적인 하느님, 길흉화복을 주관하는 하느님으로 보는 경우도 있고, 또 이와는 달리 조상신의 개념으로 약화시켜 보기도 한다. 후자의 경우 신의 주재나 인간에 대한 영향력은 매우 미약해진다. 오로지 창조주, 조물주, 생명의 시원으로서 감사의 대상이요 경모(敬慕)의 대상일 뿐이다. 유교의 제사는 가까이는 부모로부터 조상 그리고 멀리는 하늘에 대한 공경의 의식이라고 할 수 있다.

공자는 말하기를 "그 귀신이 아닌데 제사를 지내는 것은 아첨이다"(『논어』, 위정爲政)라고 하였다. 여기서 공자도 귀신 내지 신의 존재를 인정하고 있음을 알 수 있다. 그런데 내가 마땅히 경배하고 모셔야 할 대상으로서의 신이 아닌 다른 신에게 제사를 지내는 것은 일종의 아첨 행위라고 비판하였다. 이는 미신적 행위에 대한 경고성 의미가 담겨 있는 것이고, 올바른 신앙, 이성적 신앙의 태도를 강조한 것이라 할 수 있다. 공자는 "제사를 지낼 때는 선조가 살아 있는 듯이 하며, 신에게 제사 지냄에는 마치 신이 있는 것같이 하였다"(『논어』, 팔일八佾)고 전해진다. 공자의 신에 대한 태도를 잘 보여 주는 대목이다. 이 말은 곧 "그 성(誠)이 있으면 신이 있고 그 성이 없으면 그 신도 없다"(범씨 주范氏 註)는 말로 해석할 수 있다. 신에 대한 인간의 태도는 인간 자신의 성실성, 진실성에 기초해야 한다는 말이다. 제사 지내는 그 사람의 성실성이 전제되지 않으면 그 제사는 무의미하다는 말이다. 내가 참된 마음으로 신에게 제사를 지내면 신도 있지만, 내가 거짓된 마음으로 신 앞에 서면 신도 없는 것이라는 말이다. 그러므로 공자는 "하늘에 죄를 얻으면 기도할 바가 없다"(『논어』, 팔일八佾)고 했던 것이다. 내가 하늘에 빌고 무엇을 바라지만, 그 이전에 기도하는 사람 그 자신의 진실성, 도덕성이 먼저라는 말이다. 오늘날 수많은 사람들이 자신의 떳떳함과는 무관하게 신에게 빌고 하늘에 빈다. 그래서 복을 구하고 장수를 바라고 부를 소망한다. 또 어떤 이는 일상적인 비행과 과오를 반복하면서도 하늘에 빌기만 하면 용서를 받는다고 생각한다. 적어도 공자의 입장에서는 신 앞에 서서 비는 인간의 자격을 먼저 논하고 있는 것이다. 내가 신에게 간절히 소망하면 무엇을 얻을 수 있는가 하는 것은 그 다음의 문제다. 그 이전에 신에게 간구하는 인간의 정직함, 진실함, 깨끗함이 전제되어야 한다. 설사 신이 계시고 하느님이 계시어 인간에게 복을 주고 벌을 준다고 하더라도 기도하는 사람의 진실성, 성실성이 먼저라고 보았다. 하늘을 향해 간구하고 신을 향해 빌더라도 먼저 그 자신이 성실함으로써 신으로 하여금 감동케 하라는 말이다. 이것이 '지성(至誠)이면 감천(感天)'이라는 말이 아닌가? 유학의 입장에서 인간은 분명히 신의 자식, 조물주, 하느님의 자식이다. 그 신은 조상신이다. 그리고 그것은 나의 부모에 대한 효도, 조상에 대한 숭배를 통해 하늘 끝까지 닿아 경천에 이르는 것이다. 효를 통한 하늘에 대한 감사, 이것이 나를 낳아 준 부모에 대한 감사를 통해 하늘에 대한 감사로 이어진다고 보는 논리다. 그러므로 효는 유학의 가장 기본적인 윤리다. 효는 백행의 근본이라고 하며, 부모에 대한 효와 형에 대한 제(悌)는 인(仁)을 행하는 근본이라 하였다.(『논어』, 학이學而) 효란 무엇인가? 부모의 뜻을 잘 계승하며 부모의 사업을 잘 잇는 것이다.(『중용』) 또 "선인(先人)의 자리를 밟고 그의 예를 행하고 그의 음악을 연주하고 그가 높이던 바를 공경하며, 그가 친애하던 바를 아끼며, 죽은 자 섬기기를 산 사람 섬기듯이 하고, 없는 자 섬기기를 있는 사람 섬기듯이 하는 것이 효의 지극함이다"(『중용』)라고 하였다. 오늘날 부모가 돌아가시면 부모의 유품을 모조리 다 불태워 없애고, 가능하면 빨리 부모의 흔적을 깨끗이 청소하려는 풍조는 유학이 말하는 효의 정신에 반하는 것으로 부끄러운 일이다. 공자는 말하기를 "부모가 살아 계실 때는 그 뜻을 보고, 부모가 돌아가시거든 그 행적을 보는 것이니, 3년 동안 부모의 생전의 도리를 고침이 없어야 가히 효라고 할 수 있다"(『논어』, 학이學而)고 하였다. 부모가 생존해 계실 때는 그 뜻을 살피고 돌아가심에는 그 자취를 살피는 것이 효라고 한다. 그리하여 적어도 3년 동안만이라도 부모의 생전의 도리를 잊지 말고 마음에 새겨 간직해야 효라고 말할 수 있다는 것이다. 왜 하필이면 3년일까? 그것은 공자가 "자식이 태어나 3년이 지난 후에 부모의 품을 면하나니, 대개 3년의 상은 천하의 통하는 상이다"(『논어』, 양화陽貨)라고 한 데서 연유한다. 옛날 부모가 자식을 낳아 품에 안고 젖을 먹이며 키운 것이 3년 정도라 보고, 적어도 이 3년만이라도 부모의 은혜를 잊어서는 안 된다는 말이다. 맹의자(盟懿子)가 공자에게 효에 관해서 물었다. 공자는 '어김이 없는 것'이라 설명하였다. 그러자 번지(樊遲)가 다시 무엇을 말하는 것이냐고 물었다. 공자는 이에 대해 "살아서는 예로써 섬기고, 죽어서는 예로써 장사를 치르고, 예로써 제사를 지내는 것이다"(『논어』, 위정爲政) 라고 하였다. 부모를 예로써 섬기고 예로써 보내드리고 예로써 길이길이 추모하는 것이 효라고 했던 것이다. 이렇게 볼 때, 부모에 대한 효는 결국 예로 나타난다고 볼 수 있다. 예는 자식으로서 부모에 대한 인격적 대접이라고 할 수 있다. 이런 관점에서 공자의 제자인 자유(子游)가 효에 관해서 질문하자, 공자는 "지금의 효란 능히 봉양하는 것을 말하는 것이니, 개나 말이라도 모두 능히 기름이 있거늘, 공경함이 없다면 무엇이 다르리오?"(『논어』, 위정爲政) 하였다. 공자가 살던 그 때도 효라는 것이 부모를 먹여 주고 입혀 주는 것이 주였던 것으로 보인다. 공자에 의하면 집에서 기르는 개나 소도 때가 되면 먹여 준다는 것이다. 부모를 개나 소처럼 때에 맞추어 먹여 주고 옷이나 입혀 주는 것을 효라고 생각한다면 잘못이라는 것이다. 중요한 것은 공경하는 마음이다. 부모에게 밥을 주면서 공경하는 마음이 없다면 개나 소에게 밥을 주는 것과 다를 바 없다. 오늘날 며느리가 외출하면서 밥은 밥통에 있고 반찬은 냉장고에 있으니 찾아서 먹으라 한다면 이와 무엇이 다르겠는가?

유학에서 신의 관계는 조상신을 인정하고, 효를 통해 경(敬)을 통해 닿고자 한다. 유학은 조상신 외에 공자나 맹자를 신으로 인정하지 않는다. 불교가 석가모니를 신앙의 대상으로 존숭하고 기독교가 예수그리스도를 신앙의 대상으로 삼는 것과는 구별된다. 그리고 유학은 조물주, 조상신에 대해 내 생명의 근원으로서 감사하고 존숭하지만, 내세에 대한 특별한 요청이나 길흉화복에 대해 의존하지 않는다. 다만 "선을 쌓는 집안에는 축복이 넘쳐흐르고 악을 쌓는 집안에는 재앙이 넘쳐흐른다"고 말할 뿐이다. 이러한 점이 유학이 다른 종교와 다른 점이고 신에 대한 입장의 차이라고 할 수 있다. 그리고 이 점이 유학의 특징이면서 동시에 유학이 종교일 수 없는 한계라고 할 수 있다.

3
인간은 작은 하느님

공자, 맹자의 천(天), 사서삼경의 천 개념은 인격신적인 해석과 함께 하늘의 이치(天道)로 해석되어 왔다. 특히 송대 성리학에 와서 이 천은 천리(天理)로 해석되어 철학적 의미를 갖게 되었다. 즉 이 세상, 이 세계 모든 것은 하늘의 이치로 만들어진 것이다. 하늘의 이치는 이 세상을 구성하는 완벽한 설계요 이데아다. 이 세상 만물들은 하늘의 이치가 구현된 것에 지나지 않는다. 『중용』은 "천(天)이 사람에게 준 것을 성(性)이라 한다('천명지위성' 天命之謂性)"하였다. 하늘은 사람에게 본성을 주었다. 그 성은 인간이 인간일 수 있는 본질이요 덕이다. 하늘이 성을 나에게 준 것이므로 내 본성의 근원은 하늘에 있다. 그리고 하늘이 나에게 주었다고 보면 명(命)이고, 내가 그것을 받았다고 보면 성(性)이다. 하늘의 입장에서 보면 명이라 하는 것이고, 사람의 입장에서 보면 성이 되는 것이다.(이정전서二程全書) 그러므로 명(命)과 성(性)은 하나다. 여기서 인간의 성을 보는 관점은 둘로 나뉜다. 하나는 그 성을 도덕성, 지성 중심으로 보는 입장이고, 또 하나는 인간이 지닌 모든 본성 즉 지성, 덕성, 감성, 욕망 등 전인적 인격성을 성으로 보는 관점이다. 전자는 인간의 욕망이나 감성은 다른 동물들도 가지고 있으므로 오로지 덕성이나 지성을 중심으로 인간을 차별화시켜 보는 태도다. 이에 대해 후자는 인간이 마음과 몸, 영혼과 육신의 묘합체이므로 지성, 덕성뿐만 아니라 감성이나 욕망도 인간의 본성으로 보아야 한다는 입장이다. 양자의 차이에도 불구하고 인성의 근원, 인간의 본질을 준 것은 하늘이다. 그러므로 공자는 "하늘이 나에게 덕(德)을 낳아 주었다"(『논어』, 술이述而)고 하였다. 나의 덕은 하늘이 준 것이다. 그 덕이란 하늘의 본성을 내 것으로 얻은 것이라 할 수 있다. 그러므로 사람의 덕이란 곧 하늘의 덕이 주어진 것이다.

그러면 하늘은 어디에 존재하는가? 인간 아닌 저 시간과 공간 속에 존재하는 것이 아니라 인간 속에 내재한다. 즉 천성이 내 본성이 된 것이다. 천성이 인성이요 천리가 곧 사람의 이치가 된다. 그러므로 하늘은 내 속에 있다. 우리는 모두 하늘의 본성을 구유한 존재다. 남녀노소, 인종과 공간을 넘어 그리고 시간을 넘어 우리는 모두 하늘의 자식으로 작은 하늘이다. 사람은 하늘의 본성을 담지한 위대한 존재다. 생물학적 인간학에서 보면 인간은 참으로 부족한 결핍 존재다. 다른 동물들은 세상을 살기 위한 만반의 준비를 다 하고 태어나므로 불편할 것이 없고 부족한 게 없다. 그러나 사람은 완전 비무장으로 벌거벗고 태어난다. 세상을 살아갈 아무런 준비도 없다. 날카로운 발톱도 두꺼운 갑옷도 강인한 위장도 발달된 송곳니도 없다. 파스칼이 말한 대로 자연 가운데 연약한 갈대에 지나지 않는다. 엄마의 지극한 정성과 사랑이 아니면 사람으로 생존하기 어렵다. 그러나 생각하는 갈대이기 때문에 위대하다. 인간은 거룩한 덕성을 갖고 있고 총명한 지성을 지니고 있다. 여기에 감성과 욕망, 의지를 갖춘 인간으로 태어난다. 그래서 자연을 개척하고 바꾸고 창조한다. 운명을 이기고 헤쳐 나간다. 인간은 만물의 영장으로 거룩한 존재다. 다른 동물들은 본능적 삶에 충실하며, 설사 약간의 지혜가 있고 스스로 삶을 변화하는 능력이 있다 하더라도 인간에 비유할 바가 아니다. 인간의 존엄이란 충분한 근거가 있고 그럴 만한 이유가 있다. 인간이 하늘의 자식으로 하늘을 닮았다고 하는 것은 인간이 이룩한 현대 문명에서 입증된다. 이제 인간은 인공 인간을 만들 수 있고 인간을 비롯한 동식물의 게놈지도를 해석하기에 이르렀다. 신의 오묘한 영역에 인간이 접근했음을 의미하는 것이다. 현대물리학은 우주 창조의 신비를 밝혀 내고 있고, 무한한 우주 공간을 향해 도전하고 있다.

오늘날 우리가 펼치고 있는 환경 운동이나 생태 운동, 동물 보호 운동의 입장에서도 균형 잡힌 시각이 필요하다. 인간을 동물이나 식물과 같은 차원에서 보면 인간은 하찮은 존재가 되고 만다. 극단적으로 소의 목숨도 중요하고 낙지의 목숨도 중요하고 나아가 상추의 생명도 사람과 똑같다고 본다면 우리는 그것들을 먹을 권리가 없다. 문제는 생태계의 질서를 인정하는 것이다. 인간을 정점으로 한 먹이사슬을 지구촌의 질서로 인식하고, 그 속에서 함께 살아가 자는 것이다. 여기서 중요한 것은 인간이 이 세상에서 가장 중요한 가치요 가장 중요한 존재라는 사실이다. 적어도 유학의 입장에서는 신도 아니고 동물도 아니고 자연도 아니고 인간이 가장 존엄한 존 재다. 인간의 존엄을 지키면서 식물, 동물 등과 조화롭게 살자는 것 이 유교의 정신이다.

『서경』에서는 "천지는 만물의 어미요 오직 사람이 만물의 영 장"(『태서 상』泰誓 上)이라 하였다. 또 송대 성리학의 개조인 주렴 계는 "오직 사람이 그 빼어남을 얻어 가장 신령하다"(태극도설太極 圖說)고 했다. 유학은 인간의 이러한 신성(神性), 신의 능력을 '영 (靈)' 자로 표현한다. 이 영은 신령하다, 영특하다는 뜻이지만, 그 속에 함축된 의미는 인간의 신묘하고 거룩한 능력과 본성을 총체적 으로 표현한 말이다. 우리는 자신이 인간이면서도 그 인간의 위대 성을 모르고 사는 경우가 허다하다. 총명한 지성의 힘, 거룩한 덕성 의 빛, 다양한 감성의 향기, 무한의 욕심과 의지 등 이 모든 것을 소 유한 하느님의 걸작이 바로 사람이다. 인간은 한편 약하디 약한 존 재이기도 하지만, 달리 보면 위대한 존재임에 틀림없다. 수만 년, 수천 년 발전해 온 인류사는 곧 인간의 거룩한 능력의 소산이다. 앞 으로도 화려하게 전개될 인류 역사의 청사진을 기대해도 좋다. 물 론 그 이면에 드리운 어둠과 그늘 그리고 인간성 속에 잠재해 있는 악마의 근성, 야성의 위험성은 늘 상존해 있다. 선택은 인간 자신의 것이다.

유학은 인간을 신의 모사품, 작은 하느님으로 생각해 왔다. 여기서 인간은 신처럼 위대하고 높다. 신과 인간을 수직으로 보고 주종으로 보았던 기존의 질서에서 벗어나 하느님은 곧 내 속에 있고 나는 바로 하느님의 모습대로 지어진 존재로 이해된다. 유학에서 하느님은 저 높은 곳에 계시어 닿을 수 없는 분이 아니다. 내 속에 존재하는 하느님이다. 내 본성이 곧 하늘의 본성이다. 그러므로 인간은 모두 평등하고 존엄하다. 사람이 하늘처럼 위대하고 사람은 하늘처럼 모셔야 할 대상이다. 유학에서는 항상 천성과 인성, 천리와 사람의 이치, 천도와 인도가 함께 일컬어져 왔다. 인성의 근거를 하늘에 두고, 그 하늘의 본성이 내게 내재한다고 보는 것이다. 따라서 하늘은 저기에 따로 존재하는 것이 아니고 바로 내 속에 존재하는 것이다. 그리고 하늘은 내가 깨닫는 만큼 알려진다. 내가 하늘에 대해 알고자 아니하면 하늘은 내게 알려지지 않는다. 현대사회가 인간의 존엄을 바탕으로 민주 사회, 시장경제를 지향한다면, 유학의 이러한 인간관이야 말로 인간 소외를 해결할 수 있는 대안으로 유용한 가치가 있다.

인간은 하늘의 자식이고 하늘은 인간 속에 내재한다. 그러므로 나는 하늘이요 하느님이다. 나는 하늘의 모사품이요 작은 하늘이다. 유학은 인간을 하늘같이 여긴다. 하늘에 가려 인간이 묻히고 자연에 함몰되어 인간을 보지 못하는 어리석음을 경계한다. 인간은 하늘을 하늘답게 하고 자연을 자연답게 해 준다. 인간은 하늘과 땅

의 자식으로 하늘과 땅의 본성을 받아 우뚝 서 있다. 이 세상의 주
인으로, 이 우주의 경영자로 서 있다. 하늘의 본성, 땅의 본성을 받
아 영특하고 밝고 거룩한 모습으로 만물의 영장이 된다. 인간은 영
원한 시간, 무한한 공간 속에 작은 거인이지만, 이 세상을 창조하고
변화시키는 위대한 존재다. 인간 스스로 인간의 위대함을 알아야
하고 인간의 존엄과 인간의 능력을 깨달아야 할 것이다. 인간이 곧
하늘이요 신이다.

4
인간은 신을 대신한다

유학은 신을 말하고 하늘을 말하지만 사실은 '인간'을 앞세운다. 『서경』에 의하면 "하늘은 사람이 하고자 하는 바를 반드시 좇는다"(『태서 상』泰誓 上)고 말한다. 형식적으로는 인간은 하늘의 자식이고 신에 의해 창조된 피조물이다. 항상 신과 인간, 하늘과 인간은 주종 관계, 수직적 상하 관계에 있다. 그럼에도 불구하고 유학은 하늘보다 인간을 앞세워 만사를 영위한다. 왜냐하면 이 세상의 주체는 결국 인간이기 때문이다. 하늘도 땅도 결국 인간에 의해 이용되고 활용되는 것이다. 『서경』에서는 "하늘은 우리 백성들이 보는 것으로부터 보며, 우리 백성들이 듣는 것으로부터 듣는다"고 한다. 하늘이 눈이 있어 보는 것도 아니고 귀가 있어 듣는 것도 아니다. 하늘을 의인화시켜 인간의 주체성을 강조한 말이다. 하늘은 백성들이 본 것을 통해 보고 백성들이 들은 것을 통해 듣는다는 말이다. 같은 맥락에서 하늘은 백성들의 마음을 통해 자신의 마음으로 삼는 것이다. 백성의 뜻, 백성의 의지를 곧 하늘의 뜻, 하늘의 의지로 삼는다는 말이다. 이것이 우리가 흔히 말하는 민심이 곧 천심이요 민의가 곧 천의라고 하는 것이다.

또 『대학』에서는 『서경』의 말을 인용하여 "천명은 일정하지 않다고 하였으니, 선하면 천명을 얻고 불선하면 천명을 잃는다는 것을 말한다"고 하였다. 천명은 어느 특정인에게 정해져 있는 것이 아니다. 즉 하늘이 어느 특정인에게 임금의 자리를 주지 않는다는 말이다. 그가 선하면 천명을 얻어 임금이 될 수 있지만, 악하면 천명을 잃어 임금의 자리에서 물러날 수 있다는 것이다. 정치권력이 천명에 의한 것이지만 그 천명이란 민심, 민의에 좌우되는 것이다. 여기서도 천명을 말하지만 결국 민심, 민의가 본질임을 말해 주고 있다. 마찬가지로 "큰 덕을 가진 자는 반드시 천명을 받는다"(『중용』)고 하는데, 여기서 우리는 천명의 소재가 바로 큰 덕을 가진 사람에 있음을 알 수 있다. 천명은 무엇에 의해 좌우되는가? 그것은 바로 인간의 덕이라는 말이다. 큰 덕을 가진 사람에게 민심이 귀일되므로 민심에 따라 천명, 천심도 달라진다는 말이다. 본래 『서경』에서는 "하늘의 일을 사람이 대신 한다"(『서경』, 고요모皐陶謨)고 말하고, 그래서 사람이 임금을 만들고 스승을 만들어 세상을 경영한다고 보았다. 여기서도 형식은 하늘을 앞세우지만 실질적으로 주인공은 인간이요 사람이다. 순자는 말하기를 "물과 불은 기운은 있으나 생명이 없고, 초목은 생명은 있으나 지혜가 없고, 금수는 지혜는 있으나

의리가 없다. 사람은 기운도 있고 생명도 있고 지혜도 있고 또 이 의리가 있어 천지에 가장 귀하다"(『순자』, 왕제王制)고 하였다. 유학에서는 인간을 다른 동식물, 사물들과 차별화해서 설명하고 있다. 결론적으로 인간이 만물 가운데 가장 귀하고 빼어난 특수한 존재라는 것이다. 생물학자들은 인간이 저들 생명체들의 신비한 구석을 몰라서 하는 말이라고 비웃을지도 모른다. 그러한 비판에 일리는 있겠지만 객관적으로 인간의 존엄, 인간의 능력을 다른 그 무엇에 비교해 설명할 수는 없다. 더구나 인간만이 가치를 알고 가치를 추구한다는 점에서 보면 다른 동물과 결코 같은 차원에서 논의될 수 없는 것이다.

유학은 인간의 주체성, 인간의 능력을 확신한다. 맹자는 "화복(禍福)이 자기가 구하지 아니함이 없는 것이다"(『맹자』, 공손추 상公孫丑 上)라고 하였다. 인간은 누구나 복을 구하고 화를 피하려 한다. 그 복이나 화는 하늘이 주거나 신이 주는 것이 아니고, 인간 자신에 의해 만들어지는 것이다. 여기서 유학의 신에 대한 입장, 신앙적 관점은 분명해진다. 부자가 되고 싶은 것, 오래 살고 싶은 것, 출세와 성공 이 모두가 신에게 빌어서 되거나 하늘에 기도해서 되는 일이 아니라는 말이다. 부귀영화, 장수는 모두가 인간의 노력에 달려 있다는 말이다. 이와 같은 맥락에서 맹자는 "하늘이 지은 재앙은 오히려 피할 수 있으나, 스스로 지은 재앙은 살아날 수 없다"(『맹자』, 공손추 상公孫丑 上)고 한다. 재앙의 경우도 자연재해는 오히려 피할 수 있지만 인간이 스스로 만든 재앙은 피할 수도 없고 살아남을 수도 없다는 것이다.

맹자에 의하면 "명(命)을 아는 자는 위태로운 담장 아래에 서 있지 않는다"고 말한다. "그 도(道)를 다하고 죽는 것은 정명(正命)이요, 질곡(桎梏)으로 죽는 것은 정명이 아니라" 하였다.(『맹자』, 진심 상 盡心 上) 우리는 어떤 사람이 쓰러져 가는 담장 밑을 걷다가 죽게 되면 그것을 그의 운명이라고 말한다. 맹자는 명을 아는 자는 넘어져 가는 담장 밑을 피해갈 줄 안다고 하였다. 위험스런 담장을 알고 피하는 것이 인간이 해야 할 일이다. 인간으로서 해야 할 도리를 다하고 죽는 것은 올바른 죽음이지만, 인간이 당연히 해야 할 도리를 하지 않고 불행하게 죽게 되는 것은 정명이 아니므로 비명(非命)이라는 말이다. 인간이 누구나 죽는다는 것은 인간의 힘으로 어찌할 수 없는 운명이라 할 수 있다. 그러나 그 위험을 사전에 알고 피한다거나 안전띠를 매어 교통사고를 미연에 대비하는 것이 인간이 해야 할 일이요 도리다. 유학은 매사를 신에 의지하거나 하늘에 의존하지 않고, 인간이 해야 할 도리, 인간의 책임과 노력을 강조하는 데 특징이 있다.

이 세상은 하늘과 땅 그리고 인간, 신과 자연 그리고 인간에 의해 펼쳐지는 세상이지만, 그 운영의 주체는 분명히 인간이다. 인간에 의해 세상은 경영되는 것이고 인간에 의해 신도 자연도 그 의미를 갖게 된다. 신에 의해 창조된 세상, 조물주가 만든 아름다운 세상이지만, 그 중심에 인간이 있고, 인간이 신의 대행자로서 하늘의 자식으로서 경영의 무거운 중책을 담당하고 있는 것이다. 이 세상이 살 만한 세상인가 아닌가, 이 세상이 천국인가 지옥인가는 저 외계인에 의해 만들어지는 것이 아니라 우리 인간 자신의 몫이다.

2부
인간과 자연

하늘과 땅은 인간의 존재 근거이면서 동시에 인간의 모범이 된다. 인간은 하늘과
땅의 이기(理氣)를 받아 성(性)을 삼고 형(形)을 받아 인간으로 태어난다. 하늘은
아버지요 땅은 어머니다. 천지를 부모로 한 인간이다. 뿐만 아니라 하늘과 땅은
인간의 모범이다. 하늘과 땅은 인간이 살아가야 할 원칙을 제시해 준다.

1
인간은 자연의 자식

    천(天)이란 구체적으로 천지라는 개념으로 이해되기도 하고 우주라는 말로 이해되기도 한다. 또 달리 말하면 자연이라고도 할 수 있다. 천, 천지, 우주, 자연은 인간이 살아가는 공간이요 시간이다. 즉 인간 삶의 세계요 무대요 환경이다. 도가의 입장에서는 인간도 자연 속의 일부분으로 이해하기도 하지만, 유학의 입장에서 보면 인간은 자연에서 태어나 자연에서 살다가 자연으로 돌아가는 존재다. 위 제1부에서는 이 천을 신, 하느님이라는 관점에서 본 것이라면, 여기에서는 천을 자연적 관점에서 보고자 한다.

    유학은 일찍이 하늘과 땅을 합쳐 천이라 부르기도 했는데, 그것은 엄밀히 말하면 하늘과 땅으로서의 천지다. 『주역』은 우주 자연의 생성과 인간의 문제를 천지에 비견해 재미있게 설명하고 있다. 하늘은 남성화되어 아버지가 되고 땅은 여성화되어 어머니가 된다. 또 다른 한편으로는 하늘은 남편이 되고 땅은 아내가 되어 하늘과 땅이 부부가 된다. 이 우주 자연을 하나의 가정 질서로 이해하는 형식이다. 하늘 아버지 땅 어머니 슬하에 인간, 동물, 식물, 사물의 4남매가 존재한다. 이 가운데 조물주가 가장 성공적으로 만든 것이 인간이다. 그러므로 인간은 부모를 포함해 나머지 형제들을 양육하고 가르치고 각기 그들의 역할과 의미를 완수토록 할 책임이 있다. 풀 한 포기, 나무 한 그루, 벌레 하나마다 제각기 자기 삶을 영위하고 자기 빛깔을 드러내며 그들의 생명을 끊임없이 이어가는 세상, 이 아름다운 세상의 주인공이 바로 인간이다.

그러므로 천지는 인간의 부모가 되고 인간은 천지의 자식이 된다. 하늘과 땅은 각기 자신의 역할에 충실하며 서로 돕는다. 하늘은 춘하추동, 24절후, 밤낮의 시간을 주관하고 땅은 공간의 주인으로 만물을 담고 양육한다. 하늘은 만물의 씨를 주고 근원이 되며, 땅은 만물을 기르고 육성한다. 하늘 땅 부부의 영원한 믿음과 사랑의 결실로 이 세상 만물이 저마다 자기의 모습으로 드러나 완성되고 그들의 자기다움을 온 세상에 실현한다. 그러므로 『중용』에서는 "군자의 도는 부부에게서 발단되나니, 그 지극함에 미쳐서는 천지에서 살핀다"고 하였다. 군자의 도라는 것이 부부관계에서 시작된다는 말이다. 부부관계의 지극함은 하늘과 땅에서 본받는다. 하늘은 남편으로 땅은 아내로서 서로 믿고 사랑하며 세상 다하는 날까지 지켜 간다. 이러한 하늘과 땅의 금슬은 인간의 부부관계로 이어져 이해되며, 군자의 도는 이러한 부부관계에서부터 시작된다 함이다.

그런데 인간은 남편과 아내가 서로 믿지 못하고 다툰다. 그 사이에서 자식들은 마음이 불편한 채 성장한다. 그런데 자연의 세계는 하늘은 땅을 믿고 땅은 하늘을 믿으며, 영원토록 자신의 역할에 충실할 뿐 싸우지 않는다. 이 든든한 믿음 속에 인간을 비롯한 만물은 건강하게 생장한다. 하늘 아버지 땅 어머니를 본받고, 하늘 남편 땅 아내를 본받는 것이 유학의 가르침이다. 특히 『주역』은 이러한 하늘과 땅의 조화로운 미덕에 관해 다양한 설명을 해 주고 있다. 인간이 하늘과 땅의 자식이면서 동시에 그 하늘과 땅의 덕을 본받아야 한다고 본다. 이를 천인합일(天人合一)이라 하는데 인간의 존재 원리를 자연에서 찾고 인간의 당위 원리를 또 자연에서 찾는 방식이다. 이런 점에서 하늘과 땅, 자연은 인간의 모범이요 배워야 할 스승이다. 그러므로 유학에서는 "성인의 덕은 하늘과 더불어 하나가 되므로 신묘(神妙)해 헤아릴 수 없다"(『율곡전서』, 성학집요聖學輯要4)고 하였다. 그리고 "천지는 성인의 준칙이 되고, 성인은 중인의 준칙이 된다"(『율곡전서』, 권10서2, 답성호원答成浩原)고 하였다. 우리가 배워야 할 모범이 성인이고, 성인이 본받아야 할 바가 천지라고 하였다. 그러므로 천지의 덕은 성인의 덕과 마찬가지로 신묘한 것이다. 이 천지를 신이라고 보면 성인은 곧 신격화된다. 이 천지를 자연이라고 보면 자연이야 말로 성인이 본받아야 할 덕이다. 하늘의 덕, 자연의 덕을 본받아 성인의 덕을 배우고 닦아야 한다.

인간이 천지의 자식임을 성리학에서는 이기(理氣)로 설명한다. 송대 성리학자 장횡거(張橫渠)는 말하기를, "인간은 천지의 리(理)

를 받아 성(性)을 삼고, 기(氣)를 받아 형(形)을 삼는다"고 하였다. 천의 리는 곧 천지의 리인데 이것을 받아 성이 되고, 천의 기는 곧 천지의 기인데 이것을 받아 형을 삼는다고 하였다. 인간은 몸과 마음이 하나가 된 존재요, 영혼과 육신이 일체화된 영육쌍전(靈肉雙全)의 존재다. 이 영혼, 이 마음이 천지의 이치에 근거를 두고 있으며, 육신, 몸은 천지의 기에 근거를 두고 있다. 따라서 나라는 존재는 천지의 이기(理氣)로 되어진 존재고, 천지의 모사품이 되는 것이다.

인간이 천지의 리, 천지의 기를 받아 성(性)과 형(形)을 갖춘 인간이 되었다는 말은 인간의 존재 근거가 천지에 있다는 말이고 압축하면 천에 있다는 말이다. 그러면 인간의 성과 형이란 무엇인가? 여기서 성(性)은 본성이요 본심이요 본질이다. 사람다움이요 사람을 사람이라고 할 수 있는 까닭이다. 성은 인간 내면에 감추어진 고유한 본질이다. 이것이 있음으로 해서 인간이라 말할 수 있다. 이 성을 어떻게 설명할 것인가 하는 것은 학자들마다 견해를 달리한다. 이 성을 지성과 덕성의 측면에서만 보려고 하는 경우도 있고, 감성과 욕망까지 포함해서 보고자 하는 견해도 있다. 필자는 인간성이란 지성, 덕성, 감성, 욕망, 의지 일체를 아울러 보아야 한다고 생각한다. 또한 형(形)이란 육신, 몸을 의미하는 말이다. 성을 담는 그릇이 몸이요 형체다. 우리의 본성이 육신, 몸에 담겨 있고 갇혀 있다. 성과 형은 모두 중요하다. 어느 하나도 소중하지 않은 것은 없다. 성이 없는 형은 고기 덩어리가 되고, 형이 없는 성은 공허한 것이 되고 만다. 성과 형, 몸과 마음, 영혼과 육신이 하나로 유기적으로 만나 거룩한 인간 존재를 이룬다. 인간은 천지의 자식이다. 그러나 위대한 자식이요 가장 성공한 자식이다. 자랑스런 만큼 책임도 크고 할 일도 많다. 책임은 무겁고 갈 길은 멀다.

2
자존(自存)과 공존(共存)의 하모니

인간은 어떻게 살아야 하나? 유학은 하늘과 땅을 본받고 살아야 한다고 가르친다. 하늘과 땅, 천은 인간이 배워야 할 표본이다. 『중용』에 의하면 "성(誠)은 하늘의 도요 성을 행하는 것은 사람의 도다"라고 하였다. 여기서 성은 진실하여 거짓이 없는 참을 말한다. 하늘의 법칙, 우주 자연의 법칙은 참이다. 자연은 거짓을 하지 않는다. 콩 심으면 콩 나고 팥 심으면 팥이 난다. 봄이 지나면 여름이 오고 여름이 지나면 가을이 오고 가을이 지나면 겨울이 온다. 자연은 진실한데 그 자연의 참된 것을 본받아 행하는 것이 인간의 길이다. 여기서 인간이 걸어가야 할 길은 자연의 길에서 찾아진다. 또한 성(誠)은 도에 있어서는 진실한 이치가 되고, 사람에 있어서는 진실한 마음이 된다.(『성리대전』) 결국 성(誠)은 율곡에 의해 천의 실리(實理), 인간의 실심(實心)으로 설명된다.(『율곡전서』, 성학집요聖學輯要) 유학의 경전에 나타난 성(誠)은 송대 성리학에 와서 실(實)로 구체화 된다. 이 때 실자는(實字) '참 실자' 이면서 '열매 실자' 가 된다. 참되어야 열매를 맺게 된다는 점에서 참과 열매는 밀접히 연결되어 있다. 즉 참은 도덕적 진실성이라면 열매는 물질적 경제성이다. 진실해야 돈도 벌 수 있고 만사가 성공할 수 있다. 성은 율곡에 의해 우주 자연의 진실한 이치로 설명되고, 인간의 진실한 마음으로 설명된다. 우주 자연의 진실한 이치(實理)가 인간에게 주어진 것이 진실한 마음(實心)이다. 그리고 인간이 살아가야 할 도리가 참의 실천이라면, 그것은 곧 자연의 참된 이치로부터 배워 온 것이다.

『중용』에서는 "오직 천하에 지극한 성(誠)이라야 능히 그 성(性)을 다할 수 있고, 능히 그 성을 다하면 능히 남의 성을 다할 수 있는 것이요, 능히 남의 성을 다할 수 있으면 능히 사물의 성을 다할 수 있는 것이요, 능히 사물의 성을 다할 수 있으면 가히 천지의 변화 육성을 도울 수 있고, 가히 천지의 변화 육성을 도울 수 있다면 가히 천지와 더불어 참여할 수 있다"고 하였다. 여기서 성(誠)은 나와 남 그리고 사물을 다 할 수 있는 것이요, 천지의 변화와 육성을 도울 수 있어 천지와 더불어 동참할 수 있는 것이다. 참으로서의 성은 자기 자신을 완성할 수 있는 것이면서 동시에 남을 완성시킬 수 있는 것이다. 이 말은 진실, 참이야 말로 나 자신을 완성시키는 요소이면서 동시에 남을 완성시키는 요소라는 말이다. 진실하지 않으면 그 어떤 존재도 존재할 수 없다는 것을 의미한다. 사람이 사람답다는 말은 사람으로서의 진실성을 갖추었다는 말이다. 시계가 시계일 수 있는 것은 시간을 정확히 맞추어 주는 기계이기 때문이다. 만약 시계처럼 생겼는데 시간이 맞지 않는다면 그것은 장난감 시계이거나 고장 난 벽시계임에 틀림없다. 진실, 참은 만사를 이루는 요소이며 만물을 이루는 조건이다.

천지의 도(道)는 가히 성(誠) 한마디 말로 다할 수 있으니, 그것의 됨됨이가 둘이 아니다. 곧 그 만물을 생성하는 것이 헤아릴 수 없다.(『중용』) 이처럼 성은 천도와 인도를 관통하는 것이면서 일체의 존재가 저마다 자기완성을 할 수 있는 요소다. 주자는 예(禮)를 가리켜 '천리(天理)의 절문(節文), 인사(人事)의 의칙(儀則)'이라 설명하고 있는데, 유학에서 말하는 예도 우주 자연의 법칙을 인간의 질서로 환원한 것에 지나지 않는다. 인간이 지켜 가야 할 윤리를 자연의 법칙 속에서 찾는 것이라고 할 수 있다.

『중용』에 의하면 "만물은 함께 길러지지만 서로 해치지 않고, 도는 함께 운행되지만 서로 어긋나지 않는다"고 한다. 이 말은 유학의 자연과의 관계, 다른 동식물을 포함한 만물과의 관계를 잘 설명해 준다. 인간을 포함한 모든 것들은 저마다 이 지구촌에서 자기 삶을 영위한다. 짐승, 벌레, 나무, 풀 한 포기도 저마다 자기 생명을 틔우고 자라서 자신의 존재 의미를 실현한다. 그렇지만 서로 남을 방해하고 싸우고 빼앗지 않으며 살아간다. 또한 이 세상의 모든 것들은 저마다 자기의 생존 방식을 가지고 살아가지만 서로 어긋나지 않는다. 이 말은 언뜻 현실적으로 모순되는 말처럼 들리기도 한다.

오늘의 지구촌 사회가 왜 싸움과 갈등이 없으며, 먹고 먹히는 생존의 게임이 없단 말인가? 그러나 인간을 정점에 놓고 보면 위에서 아래로 먹고 먹히는 생존의 방식은 자연스런 것이다. 즉 살기 위해 먹는 것, 그것은 용납되는 것이 생태계의 상식이요 관행이다. 문제는 탐욕에 의해 더 많이 먹고 싶고 더 많이 갖게 될 때 생태계의 자연한 질서가 깨진다. 유학은 이 세상 수많은 만물이 저마다 각각 자기의 삶을 영위하고 각기 존재의 의미를 유감없이 발휘하기를 바란다. 인간과 함께 자존하면서 공존하기를 희망한다. 여기서 유학은 인간 아닌 타자들과의 공존 공생을 기본으로 하면서 지구촌의 평화와 안녕을 염원하는 것이다. 인간만이 잘 살고 다른 것들은 희생하고 죽어도 된다는 논리가 아니다. 이 세상의 수많은 만물들은 크거나 작거나, 아름답거나 못생겼거나, 귀하거나 흔하거나 관계없이 모두가 존재 의미를 갖는다. 따라서 만물이 각각 자기 삶을 영위하면서 남과 더불어 살아가는 상생, 평화의 구도를 말하고 있다. 유학의 이러한 자연에 대한 태도나 다른 사물에 대한 입장은 지구촌의 미래를 위한 훌륭한 대안이 될 것이다.

3
형상(形上)과 형하(形下)가
묘하게 얽혀진 존재

　　유학은 이 세계, 이 세상을 형이상자와 형이하자가 오묘하게 얽혀진 것으로 본다. 『주역』에서는 형이상자(形而上者)를 도(道)라 하고 형이하자(形而下者)를 기(器)라 한다.(『주역』, 계사繫辭) 여기서 도(道)란 형상의 배후 저 너머에 존재하는 이치, 도리, 원리를 말한다. 이 세상의 모든 것은 그것의 이치, 원리가 있는데 이를 도라고 부른다. 또한 이 도를 담는 그릇, 이 도가 있는 곳, 이 도가 실현되는 일체의 도구, 재료를 기(器)라고 한다. 따라서 이 세상, 이 세계는 도와 기가 어우러져 떼려야 뗄 수 없는 불가분의 관계로 있다. 모든 존재는 도와 기의 결합이며, 도가 기에 담겨 있다든지 실려 있는 것이라 설명할 수 있다. 이러한 『주역』의 도기 개념은 송대 성리학에 와서 이기(理氣)로 대체되어 설명된다. 즉 도(道)는 리(理)이고 기(器)는 기(氣)이다. 또 도(道), 리(理)는 태극이라 불리고 기(器), 기(氣)는 음양, 오행이라 불린다. 그러므로 이 세상은 도와 기의 묘합이고 리와 기의 묘합이며 태극과 음양의 묘합이다. 이렇게 세상을 보고 사물을 보는 것은 성리학의 세계관이다. 사실 공자, 맹자의 유학에서는 이러한 존재의 내면세계에 대해 깊숙이 들여다보지 않았다. 아니 알고는 있었지만 자세히 말하지 않았고, 또 존재의 문제보다는 삶의 문제를 더 중요하게 생각했다. 이와 같이 자연과 인간을 포함한 존재하는 것들에 대해 심도 있는 논리적 사유가 시작된 것은 송대 성리학에 와서라고 할 수 있다. 물론 성리학이 형성되는 과정에서 도가나 불교와의 교섭에서 그 영향을 받았을 것으로 짐작한다. 그러므로 이기(理氣)를 가지고 세계를 설명하고 인간의 심성 세계를 설명하는 방식은 공자, 맹자의 유학이나 사서삼경의 유학에서는 볼 수 없는 일이다. 우리나라에서도 13세기 말 중국으로부터 성리학이 들어오면서 이것이 유행했고, 또 조선의 개국과 함께 정치 이념이 되고 나아가 백성들의 일상을 규율하는 생활철학이 되었던 것이다.

성리학은 이름 그대로 인간 본성의 이치를 탐구하는 학문이다. 유학은 세상만사가 사람의 문제라고 본다. 사람의 무엇이 문제인가? 마음, 정신, 의식, 영혼이 문제다. 이 인간의 마음, 본성을 논리적으로 캐묻는 학문 작업을 성리학이라 한다. 그러므로 성리학은 일종의 인간 자아의 정체성을 뒤묻는 학문이다. 즉 너는 누구냐? 나는 누구냐의 물음이다. 우리는 이 세상을 살면서 나 자신에 대해 깊이 있는 물음도 없이 그저 일상을 살아간다. 내가 누구인지, 어디서 왔는지, 어떻게 생긴 존재인지, 무슨 의미가 있는 것인지 등등 물어보지도 않고 따져 보지도 않고 살아간다. 성리학은 인간의 근본 문제를 묻고 있는 것이다. 내가 누구인지를 알아야 내가 어떻게 살아야 할 것인가를 알지 않겠는가? 내가 어떤 의미를 가진 존재인가를 알아야 내가 할 일을 찾지 않겠는가? 조선의 유학자들이 리가 어떻고 기가 어떻고 할 때 그것이 말장난 같지만, 사실은 내 삶의 방향을 결정하는 중대한 키가 되는 것이다. 리 때문에 죽을 수도 있고 리 때문에 살 수도 있다. 내가 살고 죽어야 할 인생의 이념이 바로 리요 기이기 때문에 중요하다. 정몽주가 이방원에게 적당히 타협했더라면 죽지 않고 부귀영화를 누렸을 텐데 왜 바보 같은 짓을 했을까? 젊디젊은 성삼문이 왜 죽었을까? 수양대군에게 조금만 협조했더라면 그렇게 무참히 죽지 않고 부귀영화가 보장되었을 텐데 하는 아쉬움이 남는다. 그들이 목숨을 바친 가치가 바로 리다. 성리학은 단순히 존재의 내면세계만 논하는 사변적인 학문이 아니다. 궁극적으로는 인성의 내면을 깊이 있게 통찰하여 자신의 삶을 의미 있게 바르게 살고, 나아가 사회적으로 정의를 실현하고 도덕 국가를 실현함에 있다. 그런데 그 출발점이 인간 내면의 성찰이요 그 근본이 성리(性理)의 자각이다.

성리학은 공자, 맹자의 유학을 기반으로 하지만, 우주와 인간을 유기적으로 보고 리와 기를 통해 해명하고자 한다. 성리학은 이름 그대로 인간 본성의 이치, 인간의 마음, 인간의 본질을 문제 삼는다. 이때 분석하고 설명하는 도구가 바로 이기(理氣)인 셈이다.

리(理)는 이치, 도리를 말하고 기(氣)는 그 이치가 실현되는 도구, 재료를 말한다. 리는 형상이 없으므로 볼 수도 없고 만질 수도 없다. 기는 형상이 있으므로 볼 수도 있고 만질 수도 있다. 리는 형상이 없으므로 언제 어디서나 항상 같아서 변함이 없다. 그러나 기는 형상이 있으므로 언제 어디냐에 따라 변함이 있다. 리는 보편성, 동질성의 근거이고 기는 차이성, 특수성의 근거가 된다. 이 세상, 이 세계는 리와 기로 되어져 있다. 리 없는 기도 없고, 기 없는 리도 없다. 리와 기는 잠시도 떠날 수 없다. 만약 리와 기에 잠시라도 간극이 생긴다면 그것은 하나의 존재로서 미흡한 것이다. 율곡은 이러한 리와 기의 불가분성, 이기의 유기적인 구조를 가리켜 '이기지묘(理氣之妙)'라고 불렀다. 리와 기가 오묘하게 합해 있는 존재 세계를 형용한 말이다. 리와 기는 서로 다른 둘이지만 하나로 있고, 하나로 있지만 리는 리고 기는 기이어서 둘이다. 즉 이기는 하나이면서 둘이요 둘이면서 하나다. 그러니 묘하고 묘한 것이 아닌가? 리와 기는 전혀 다른 둘이지만 하나의 존재 양상으로 있다. 리와 기는 시간적으로 선후가 없고 공간적으로도 빈틈이 없다. 리와 기는 본래 하나다. 언제 어떤 시간적 계기에 이기가 합해진 것이 아니라 본래 하나인 것이다. 그렇지만 리와 기는 전혀 다른 것이다. 리는 형상이 없어 우리들의 감각에 알려지지 않지만, 기는 형상이 있어서 우리들의 감각으로 인식하게 된다. 리는 그 스스로 운동하거나 작용하지 않아 언제 어디서나 항상 변하지 않지만, 기는 그 스스로 운동하거나 작용하여 시간과 공간에 따라 변한다. 그러므로 리는 보편성을 갖는 것이고, 기는 차별성을 갖게 된다. 현상계에서 이루어지는 일체의 모든 변화는 성리학으로 말하면 기의 발(發)이다. 콩이 싹을 틔우고 자라서 꽃이 피고 열매를 맺는 모든 과정이 기발이요, 인간이 잉태되어 낳고 자라서 늙고 병들고 죽는 과정이 모두 기발이라고 할 수 있다. 그리고 그 기가 발함에 있어서 일정한 법칙과 표준이 있는데, 그것이 바로 리다. 일체의 기는 그 리에 맞도록 운동하고 작용해야 한다. 리에 부합되지 않는 기의 작용은 비정상적이다. 이렇게 볼 때, 기는 리가 현실화되고 실현되어지는 중요한 도구요 기반이다. 만약 기가 없다면 리는 실현될 수 없고 구상화될 수도 없다. 컴퓨터가 하나의 상품으로 탄생하는 것은 그것의 이치대로 실현되었기 때문이다. 만약 컴퓨터의 이치만 있고 그것이 기에 의해 실현되지 않는다면 그것은 공허한 이론이거나 하나의 관념을 면치 못한다. 또 반대로 어떤 재료로서의 기만 있다면 그것을 무엇이라고 말할 수 없다. 예컨대 저 북한산의 고령토가 어떤 구상, 어떤 설계 즉 도자기의 리를 가지고 만났을 때 하나의 존재로 실현되어진다. 그러므로 이 세상의 모든 존재는 리도 중요하고 기도 중요하다. 적어도 성리학은 존재의 내면적 구조로 볼 때 리와 기의 위상은 대등하다고 생각한다. 그것은 리나 기 홀로서는 그 무엇도 불가능하기 때문이다.

또한 성리학에서의 리나 기는 존재를 설명하는 도구로 활용되지만, 다른 한편으로는 가치 개념화되어 사용되기도 한다. 유학 내지 성리학은 근본적으로 인간의 가치 있는 삶을 추구하며 또 가치

창조를 매우 중시한다. 사실 성리학이 이기를 논하고 인간의 내면 세계를 깊이 있게 탐구하는 것도 말장난하자는 것이 아니라, 가치 있는 삶을 위한 하나의 기초로서 필요했던 것이다. 조선조 성리학의 역사가 지나치게 인간 심성의 내면세계를 탐구하는 데만 집중하여 인간다운 삶이나 행복한 세상을 구현하는 데 소홀했던 것은 반성해야 할 일이다.

성리학에서는 리와 기를 가치 개념으로 전환해 생각한다. 정신적 가치를 리로 본다면 물질적 가치는 기로 본다. 도덕적 가치를 리로 본다면 경제적 가치를 기로 본다. 이론적 가치를 리로 본다면 실천적 가치를 기로 본다. 보수적 가치를 리로 본다면 진보적 가치를 기로 본다. 통일적 가치를 리로 본다면 다양한 가치를 기로 본다. 리기를 가치론에 대입시켜 보는 것은 얼마든지 가능하다. 이렇게 보면 조선 성리학의 가치 지형도가 어느 정도 밝혀지게 된다. 학자들마다 세상을 보는 관점이 다르듯이 가치관에 있어서도 다르다. 그러므로 리의 가치와 기의 가치를 어떤 비중으로 보느냐에 따라 다양한 조선 성리학의 지도가 전개되는 것이다.

4
서로 다른 것이 함께
공존하는 세계

　유학에서의 세계를 보는 창은 매우 다양하다. 앞서 성리학이 리와 기를 가지고 이 세계를 보았다면, 『주역』에서는 음(陰)과 양(陽)으로 이 세상, 이 세계를 보았다. 성리학에서는 음과 양이 기를 의미한다. 즉 음기(陰氣), 양기(陽氣)의 기로서 이것이 더 분화되면 금목수화토(金木水火土)의 오행(五行)이 되는 것이다. 기는 리와 함께 이 세계, 이 세상을 구성하는 가장 근본적인 실체다.

　그런데 『주역』에서의 음양은 이것과는 다르다. 옛날부터 사람들은 자연 속에서 살면서 평범한 이치를 터득하였다. 이 세상은 서로 반대되는 성질의 것들이 함께 공존해 있는 세상이라는 것을 깨닫게 되었다. 하늘이 있고 땅이 있다. 하늘은 높고 땅은 낮다. 하늘에는 해가 떠 있고 밤에는 달이 뜬다. 밤이 있고 낮이 있으며, 밤에는 어둡고 낮에는 밝다. 산이 있는가 하면 강이 있다. 또 불이 있는가 하면 물이 있다. 또 사람도 남성이 있는가 하면 여성이 있다. 아이가 있는가 하면 어른도 있다. 어떤 사람은 키가 크고 어떤 사람은 작다. 부자가 있는가 하면 가난한 거지도 있다. 문은 열려 있기도 하고 닫혀 있기도 하다. 이와 같이 우리 눈앞에 전개된 세계는 서로 다른 것들이 함께 공존해 있는 것이다.

이 때 어느 하나를 음이라 하고 다른 하나를 양이라고 불렀다. 이는 한자의 뜻으로 보아도 햇빛이 비친 것이 양(陽)이고 그늘진 것이 음(陰)인데서 나온 말이다. 이렇게 해서 음과 양은 서로 반대되는 성질을 의미하는 것이 되었다. 특히 『주역』은 이 음양의 논리로서 우주와 인생의 문제를 풀어 나갔다.

이 음양의 철학은 『주역』에서 비롯되었다고 하지만, 멀리 우리 민족의 고대 사유에서 비롯되었다는 견해도 있다. 그 대표적인 사례가 단군신화다. 어느 민족이나 설화가 존재한다. 우리 민족에게도 훌륭한 단군신화가 있다. 우리는 그리스신화나 로마신화는 중요하게 생각하면서도 우리 단군신화에는 귀를 기울이지 않는다. 단군신화는 아득한 옛날 우리 민족의 원시적 사유를 잘 말해 주고 있다. 하늘에는 환인(桓因)이 있고 그 아들 환웅(桓雄)이 있었다. 환웅은 항상 하늘 아래 인간 세상에 대한 꿈을 가지고 있었다. 아버지 환인은 아들 환웅의 뜻하는 바를 알고 허락해 준다. 즉 아버지가 이심전심으로 아들의 뜻을 알고 허락한 것이다. 이에 환웅은 지상 세계의 후보지를 물색한다. 한반도 일대 삼위태백(三危太伯)을 굽어 보니 가히 홍익인간(弘益人間)을 실현할 만한 곳이다. 마침내 환웅은 인간 생활에 필요한 많은 신을 이끌고 태백산 꼭대기 신령스런 박달나무 아래 신시(神市)에 강림한다. 이때 지상에서는 곰과 호랑이가 등장해 환웅에게 빌면서 인간이 되기를 원한다. 그러자 환웅은 곰과 호랑이에게 쑥과 마늘을 주면서 이것을 먹고 21일 동안 햇빛을 보지 않으면 인간으로 변화될 수 있다고 계명을 준다. 이에 곰은 우직하게 잘 지켜 인간으로 변신하는 데 성공하지만, 호랑이는 이를 지키지 못해 실패하고 만다. 곰은 웅녀가 되어 매일 잉태할 수 있기를 기도하고 빈다. 이에 환웅이 임시로 인간으로 변신하여 짝이 되어 결혼해 단군왕검을 낳는다. 이것이 『삼국유사』에 전하는 단군신화의 줄거리다.

이 단군신화는 철저하게 음양의 구조로 되어 있다. 먼저 하늘이라는 배경과 땅이라는 배경이 등장한다. 하늘에는 환인, 환웅의 신이 등장하고, 땅에는 곰과 호랑이라는 동물이 등장한다. 또 곰은 음성적인 동물이고 호랑이는 양성적인 동물로 서로 대비된다. 환웅은 남성화되어 남편이 되고, 곰은 웅녀가 되어 아내가 된다. 그 사이에서 인간 단군이 탄생하니, 단군의 입장에서 보면 신 환웅은 부친이고 동물 웅녀는 모친이 된다. 하늘과 땅, 신(神)과 물(物), 남성과 여성, 남편과 아내, 부와 모라는 서로 다른 둘이 함께 공존하는 구도의 신화다. 따라서 이 단군신화는 음양이 조화를 이루고 음양이 하나가 되는 신화다. 신 환웅과 동물 웅녀가 결혼하여 인간 단군을 낳는 신화 그것은 곧 음양이 조화되어 인간을 낳는 신화가 된다. 그래서 이 음양의 철학은 『주역』을 넘어서서 우리 민족 고유의 사유 체계라고 주장하기도 한다.

그러면 이 음양 철학은 어떤 의미를 갖는 것인가? 유학에서의 음양 관계는 모순 관계가 아니라 상보적(相補的) 관계라는 데 특징이 있다. 하늘과 땅, 물질과 정신은 서로 다르지만 싸워야 할 대상이 아니다. 물질과 정신은 각각 의미가 있고 홀로서는 반쪽에 지나지 않는다. 나와 마주 서 있는 상대는 싸워야 할 상대가 아니라 나의 부족한 면을 보완해 주는 고마운 존재다. 나는 너를 통해 부족한 것이 채워지고, 너는 나를 통해 부족한 것이 채워진다. 자기 홀로서는 반쪽으로 불완전할 뿐이다. 내게 없는 것을 상대는 가지고 있다. 또 나는 상대가 없는 것을 가지고 있다. 피차 서로 만남을 통해 결핍을 보완해 온전한 하나가 된다. 그러므로 나와 너는 미워하고 싸우고 갈등할 것이 아니라, 서로 필요하고 서로 돕고 서로 의지해야 할 고마운 반려자다.

그리고 이 음양의 조화는 단순한 물리적 합이 아니라 피차의 고유성이 온전하게 존중되면서 하나가 되는 합이다. 마치 관현악의 합주와 같이 수많은 악기들이 저마다 자기의 소리를 내면서도 지휘자의 지휘 아래 하나로 화음(和音)이 되는 것과 같다. 하나 속에 다양한 악기들의 소리가 들어 있고, 또 수많은 악기들의 소리는 하나가 되는 것이다.

일찍이 덴마아크 출신의 물리학자 닐스 보어(Nils Bohr, 1885~1962)는 동양의 음양 철학을 자연과학에 적용시켜 노벨물리학상을 받기도 했다. 그의 연구 주제는 '반대는 서로 보완적인 것'

이라는 것이었다. 이를 그는 자연과학은 물론 사회 영역에까지 적용하고자 했다. 닐스 보어의 이 주제는 동양의 음양 철학에서 힌트를 얻은 것이다.

우리 눈앞에 전개된 세상은 늘 상반된 양면성을 갖는다. 그 가운데 무엇이 더 중요한가에 대해 다투게 된다. 우리의 주장과 주의에는 서로 대립되는 견해들이 부딪쳐 끝없는 소모전을 펼친다. 서로 자기주장만을 고집하면 싸움은 끝날 날이 없다. 여기서 서로 반대는 모순이 아니라 보완적이라는 인식의 전환이 필요하다. 진정한 진리는 서로 마주 서 있는 이 양자를 함께 인정하지 않으면 안 된다는 점이다. 서로가 부족함을 보완해 주는 고마운 존재라는 것을 알아야 한다. 그러는 순간 마주 선 양자는 웃으며 마주할 수 있고 사랑과 요청의 악수를 내밀 수 있다. 너 없이는 내가 없고 나 없이는 너도 없다는 것을 비로소 깨닫게 된다. 나는 너의 존재 근거가 되고 너는 나의 존재 근거가 된다. 모순의 관계에서는 미움과 대립 갈등이 일어나지만, 보완의 관계에서는 사랑과 화해와 조화의 길이 열린다.

음과 양의 조화야 말로 이 세상의 갈등을 푸는 신비한 열쇠다. 오늘날 우리 사회는 곳곳에서 파열음이 들린다. 이념 간 대립이 심각하다. 보수와 진보의 싸움이다. 통일, 북한 문제를 놓고 의견이 갈려 국론이 분열되고 있다. 교육 문제를 놓고도 첨예하게 대립되어 교육 현장이 혼란스럽다. 복지 문제 또한 진보와 보수 진영 간에 엄청난 갈등을 하고 있다. 또한 환경 보존과 개발을 놓고도 한 치 양보

없이 싸운다. 우리나라 정치권 또한 사안마다 이해관계를 달리하고 이념적 차이로 인해 갈등하며 정치의 위기, 국가의 위기를 조성하고 있다. 우리 사회 곳곳에서 벌어지고 있는 갈등 현상은 공동체의 힘을 소모시키고 국력의 약화를 초래하고 있다. 분단의 위기, 강대국의 다툼 속에 있는 우리나라의 현실에서 안타까운 일이다.

그런데 이러한 음양 조화의 논리, 음양 조화의 철학적 사유는 일찍부터 우리 민족의 전통적 사유의 기반이 되어 왔다. 앞에서 언급한대로 단군신화는 물론 통일 신라 시대 원효의 화쟁(和諍)사상, 최치원의 현묘지도(玄妙之道), 율곡의 이기지묘(理氣之妙)가 모두 음양 조화의 논리와 그 궤를 함께 한다. 갈등의 구조, 대립의 역사를 음양 조화의 논리로 풀자. 서로 다른 의견이 하나로 통일되고, 하나로 통일되지만 서로의 다름이 인정되는 세상, 이것이 민주주의 아닌가.

3부

죽음보다 삶

유학은 내세보다 현세에 더 관심을 갖는다. 『논어』에 보면 계로(季路)가 공자에게
"죽음이란 무엇인가요?" 하고 질문하였다. 공자는 이에 대해 "사는 것도 모르면서
죽음을 어찌 아느냐?"(『논어』, 선진先進)고 대답하였다. 계로는 스승인 공자가
죽음에 대해, 내세에 대해, 천국과 지옥에 대해 뭔가 알고 있으리라 믿고 물은
것이다. 그런데 공자는 엉뚱하게도 "사는 것도 아직 모르면서 죽음을 어찌
알리오"라고 응답했던 것이다. 이러한 공자의 대답은 오늘날 내세에 홀려 버린
현대인들에게 훌륭한 메시지가 되고 하나의 처방이 될 것이다.

1
사는 것도 모르면서
죽음을 어찌 아느냐

오늘날 현대인들은 내세의 꿈에 부풀어 있다. 백세 시대를 살고도 또 다른 내일을 꿈꾼다. 천국과 극락이라는 환상의 세계를 그리며 오늘의 힘든 여정을 견뎌 낸다. 아직 어느 누구도 가보지 못한 미지의 세계를 굳게 믿고 이 시대의 현대인들은 그것을 향해 달려간다. 능력과 재물, 정성과 의지를 다 바쳐 내세의 축복과 영광을 위해 온 힘을 바친다. 그 미지의 세계는 비록 검증되지 못한 세계지만 사람들은 그것을 통해 위안을 받고 용기를 갖는다. 믿거나 믿지 않거나 그것은 각자의 선택이다. 이것을 가지고 싸울 필요는 없다. 이 세상이 종말이라고 본다면 인생은 좀 섭섭할 것 같다. 하지만 죽고 난 다음 또 다른 세계에서 기회가 주어진다고 하면 분명 희망이 있고 용기가 날 것이다. 이것이 종교의 위대한 힘이 아닌가?

그런데 유학은 내세보다 현세에 더 관심을 갖는다. 『논어』에 보면 계로(季路)가 공자에게 "죽음이란 무엇인가요?"하고 질문하였다. 공자는 이에 대해 "사는 것도 모르면서 죽음을 어찌 아느냐?"(『논어』, 선진先進)고 대답하였다. 계로는 스승인 공자가 죽음에 대해, 내세에 대해, 천국과 지옥에 대해 뭔가 알고 있으리라 믿고 물은 것이다. 그런데 공자는 엉뚱하게도 "사는 것도 아직 모르면서 죽음을 어찌 알리오"라고 응답했던 것이다. 이러한 공자의 대답은 오늘날 내세에 홀려 버린 현대인들에게 훌륭한 메시지가 되고 하나의 처방이 될 것이다.

유학의 관심은 죽음이 아니라 삶에 있고, 내세가 아니라 현세에 있다. 오로지 이 세상에 대해 고민하고 걱정할 뿐이다. 인간은 어떠한 존재인가? 인간은 어떻게 살아야 할 것인가? 사회 속의 인간은 어떻게 남과 관계하고 도리를 지켜야 하는가? 인간의 행복은 무엇인가? 인간이 잘 산다는 것은 어떤 것인가? 이러한 질문들이 유학의 관심사다. 유학의 모든 경전들은 이러한 질문으로 가득 차 있다. 죽음 이후의 천국이나 극락에 대해서는 별로 관심이 없다. 또 인간이 하늘의 복을 받고 벌을 받는 등의 신기한 이야기는 들리지 않는다. 오로지 자신의 관리, 가정의 관리, 사회적 질서, 국가의 발전과 도리, 인류 세계의 평화와 행복이 주 관심사다. 이것이 『대학』에서 말하는 이른바 '수신제가치국평천하' 라는 것이다. 유학의 관심은 내가 이 세상에 태어나 죽을 때 까지 어떻게 사는가에 있다. 개인으로서의 나를 어떻게 만들 것인가? 가정의 일원으로 내 역할은 무엇이며 서로 지켜야 할 윤리와 책임은 무엇인가? 사회 속에서, 국가 공동체의 일원으로 더 나아가 세계 인류의 한 사람으로 무엇을 해야 하며 어떻게 살아야 하는가? 이런 것들이 유학의 관심사요 과제라고 할 수 있다. 죽음 이후의 꿈같은 얘기, 믿기지 않는 얘기, 검증되지 않은 얘기, 환상의 얘기들은 유학의 관심사가 결코 아니다. 이런 점에서 유학은 종교성이 약하다고 할 수 밖에 없다. 또 유학은 천박한 사상이라고 폄하할지도 모른다. 종교적 심오한 세계를 모르는 한심한 지경에 대해 불쌍하다고 동정할지도 모른다. 하지만 적어도 유교의 입장에서는 천국과 지옥, 극락과 지옥이라는 내세의 설정에 동의하지 않는다. 차라리 숨 쉬고 사는 이 세상이 더욱 의미 있다고 보는 것이다. 이런 점에서 유학은 죽음이야말로 인생의 끝장이다. 불교나 기독교는 죽음 이후의 세계에 대해 아름답게 설명하고, 도가는 이 세상의 죽음이 끝이 아니라 저 세상의 시작이라고 설명한다. 유교가 사람이 죽었을 때 보내는 그 예를 얼마나 중시했는가를 생각해 보아야 한다. 관혼상제(冠婚喪祭)의 네 가지 예 중에서도 가장 중시한 것이 상례(喪禮)다. 그것은 인간의 죽음이 마지막이요, 끝이라는 인식이 깔려 있기 때문이다. 아무리 죽음 이후의 세계가 있다고 강변하지만 적어도 유교의 입장에서는 동의하기 어려운 것이다. 그리고 그것은 믿음의 차원이지 사실의 차원이 아니기 때문이다. 부모의 죽음에 대해 그렇게 슬퍼해야 하는 이유가 바로 여기에 있다. 다시 또 기약할 수 있다면 왜 슬퍼하겠는가? 인간은 죽음으로 영원히 작별하기 때문이다. 그래서 유교는 죽은 자를 보내는 데 상례의 복잡한 절차로 지극정성을 다하는 것이다. 비록 목숨이 끊어져 아무런 의식도 없지만 살아 있는 자에게 대하듯이 최대의 경의를 표하고 최선의 정성을 다하여 보내고자 했던 것이다.

또한 공자, 맹자가 그토록 강조하는 도(道)라는 것도 현묘(玄妙)한 도가 아니라 인도로서 사람의 도리를 말하는 것이었다. 깊고 깊은 심오한 진리를 말함도 아니고 죽음 이후의 까마득한 묘리를 말하는 것도 아니다. 흔히 말하는 오륜(五倫)의 질서가 기본이다. 자식으로서 부모에 대해 어떻게 해야 하는가? 내가 부모라면 자식에 대해 어떻게 해야 하는가? 사회적, 정치적 관계에서 상호 질서와 윤리는 무엇인가? 부부간의 도리는 무엇인가? 친우 간의 도리는 무엇인가? 선후배 간의 도리는 어떻게 해야 하는가? 이러한 것들이 유학이 말하는 도다. 가 보지도 못한 죽음의 얘기, 내세의 신비한 세계를 묻고 알고자 하는 게 아니라, 내가 사는 이 세상의 인간의 도리를 묻고 배우고자 하는 것이다. 이처럼 유학은 내가 태어나서 죽을 때까지 이 세상에 대해 관심을 갖는다. 이 세상은 나 홀로 살아가는 세상이 아니요 남과 더불어 살아가는 사회적 공동체다. 서로 사랑하고 배려하고 양보하고 이해하고 도와주며 사는 세상이다. 그리고 사회공동체의 유지를 위해 약속된 규범을 만들어 놓고 그것을 지키는 것도 매우 중요한 일이다. 그러므로 유학은 애당초 인간을 사회적 존재로 규정하고 개인과 사회가 거미줄처럼 밀접하게 얽혀진 사회망으로 생각한다. 그러므로 나는 가정, 사회, 국가, 세계와 늘 관계하면서 살고 또 사회는 나를 지켜 주고 보호해 주는 울타리로서 매우 중요한 역할을 한다. 유학은 내가 살아 숨 쉬는 이 세상을 고민하고 걱정하는 것이지, 죽은 다음 천국을 갈까 지옥을 갈까, 극락을 갈까 지옥을 갈까를 고민하지 않는다.

인간이 현세만 보고 산다면 너무 답답하고 부족할 것이고, 그렇다고 너무 내세만 보고 산다면 허황된 꿈속에 사는 것이 될 것이다. 두 발을 땅에 딛고 이 세상에 살지만 머리로는 높은 이상의 세계를 꿈꾸며 살아야 한다. 그 꿈이 종교적 세계가 아니라 이 세상을 통해 이루어지는 이상향이라는 데 다른 점이 있다. 유교가 말하는 유토피아는 왕도(王道)요 대동(大同)의 세계요 요순 세상이다. 그것은 내가 죽은 다음에 이루어지는 가상의 세계가 아니라 내가 사는 이 세상에서 인간의 노력을 통해 이루어지는 행복한 세상이다. 먹고 사는 물질적 풍요가 이루어지는 동시에 인간의 윤리 도덕이 실현되는 그런 세상, 네 것 내 것이 없이 천하가 모두 우리 것이 되는 공평한 세상, 내가 너를 걱정하고 네가 나를 붙들어 주어 서로 사랑하고 협력하며 의좋게 살아가는 세상, 법이 아니라 인간의 도덕적 양심에 의해 굴러가는 세상, 이것이 유교가 추구하는 이상이요 천국이다. 죽음보다 더 중요한 것이 사는 것이고, 내세보다 더 중요한 것이 현세다.

2

착하게 살면 복 받고
악하게 살면 벌 받는다

　　유교가 비록 내세의 천국과 지옥을 말하지는 않지만, "선을 쌓는 집안에는 축복이 넘쳐흐르고, 악을 쌓는 집안에는 재앙이 넘쳐흐른다"(『주역』, 곤괘문언坤卦文言)고 말한다. 이 말은 유교의 종교관을 단적으로 보여 주는 말이다. 유교가 구체적으로 다른 종교들이 말하는 내세를 설명하고 있지는 않지만, 이 세상을 선하게 잘 살면 복을 받고 악하게 살면 벌을 받을 것이라고 말하는 것이다. 얼마나 합리적인 설명인가? 유교는 공자를 믿어라, 맹자를 믿어라, 퇴계를 믿어라 율곡을 믿으라고 말하지 않는다. 믿음이 아니라 사물의 이치를 깨닫고 알고 느끼라고 말한다. 또 인간의 도리를 알고 깨닫고 실천하라고 가르친다. 그 도(道), 그 리(理)는 사리(事理)가 되기도 하고 도리가 되기도 하고 물리가 되기도 한다. 이른바 『대학』의 '격물(格物)'이란 것이 바로 이 말이다. 우리는 무엇을 하든지 알아야 한다. 그 앎을 통해 일을 잘 처리하고 인간관계를 원만하게 해결해 나가야 한다. 감성을 통한 신과의 소통보다 이성을 통한 인간과의 소통을 중시해 온 것이다. 인간 만사를 신에 의존하지 않고 인간 자신의 능력으로 해결하고자 하는 데 유교의 본의가 있다.

이러한 유교의 전통은 인간을 신처럼 위대한 존재로 보는 데서 가능해진다. 대부분의 종교들은 인간을 불완전한 존재로, 약하디약한 존재로, 죄 많은 결핍 존재로 본다. 인간은 그저 아무것도 할 수 없는 무능한 존재요 그 스스로 설 수 없는 나약한 존재다. 그러므로 거룩한 부처님을 통해서야 비로소 설 수 있고, 전지전능한 하느님을 통해서야 모든 것이 이루어질 수 있다. 여기서 인간은 나약한 존재로, 죄 많은 존재로 규정된다. 신을 통해서, 하느님을 통해서만 비로소 걸음마를 하고 무엇을 할 수 있는 불쌍한 존재다.

유교는 이러한 인간존재의 위상에 동의하지 않는다. 인간은 하늘의 자식이고 인간 속에 하늘이 존재한다. 인간성이란 하느님의 본성이다. 인간이 곧 하늘이다. 인간은 거룩한 존재요 영특한 존재다. 만물의 영장이다. 강아지, 돼지, 소와 비슷한 동물이 아니다. 인간은 비록 태어날 때는 하늘과 땅의 자식으로 태어나지만, 태어난 이후에는 인간이 이 세상을 주도한다. 하늘과 땅도, 신도 자연도 인간을 통해 비로소 그들의 모습이 드러나고 그들의 역할과 공능이 실현된다. 인간이 태어날 때는 자연의 자식이요 하늘과 땅의 자식이지만, 태어난 이후에는 하늘과 땅의 중심에 서서 이 세상을 주도한다. 인간이 이 세상의 주체다. 신도 아니고 자연도 아니다. 유학의 입장에서는 인간을 위대한 존재로 보기 때문에 신이 별로 필요치 않다. 인간의 능력을 믿는다. 오늘날 이러한 유교의 인간에 대한 신뢰와 존중은 여실하게 드러나고 있다. 인간이 만든 알파고를 보라. 첨단 반도체 기술의 신묘함을 보라. 우주물리학은 이 세상의 시원을 파헤치고 있지 않은가. 인간 게놈지도의 해석은 무엇을 의미하는가. 천기누설이요 조물주의 신비를 인간이 알게 되었다는 것이 아닌가. 전 세계 인류 수십억이 하나의 공동체로 살아가는 원동력이 무엇인가? 그것은 인간의 마음속에 자리한 선한 본성이요 도덕적 양심이다. 이러한 유교의 인간관은 모든 것을 인간의 힘으로 해결할 수 있다고 생각하는 것이다. 물론 유교도 신을 부정하는 것이 아니요 공자도 인간의 한계를 언급하는 대목도 종종 있지만, 그래도 유교의 관심은 신이 아니라 인간에 있다. 신에 대한 믿음을 통해 문제를 해결하기 보다는 인간 자신의 노력으로 문제를 해결하기를 바란다.

대부분의 종교들은 이 세상 다음의 세계를 설정하고 다가올 미래를 보여 주고 복음을 제시한다. 종교는 이름 그대로 인간이 이룩한 가장 수준 높은 가르침이다. 동서양의 철학이란 것이 무엇인가? 결국 서양철학은 한 뿌리는 히브리즘에 근거를 두고 또 한 뿌리는 헤브라이즘에 근거를 둔다. 다시 말하면 서양철학의 뿌리는 하나는 소크라테스, 플라톤, 아리스토텔레스를 중심으로 희랍 철학에 기반을 두고 있고, 또 하나는 예수의 기독교 신학에 근거를 두고 있다. 동양철학도 공자의 유학과 석가의 불교 철학과 노자, 장자의 도가 철학이 그 중심이 되고 있다. 이렇게 본다면 우리가 흔히 말하는 4대 성인의 가르침이 동서양 철학의 기반이 됨을 알 수 있다. 인류역사상 가장 많은 영향을 미친 가르침이 무엇이냐고 했을 때, 우리는 서슴없이 불교, 유교, 기독교, 이슬람교를 들 수 있고, 학문으로서 도가와 그리이스 철학의 전통을 말하게 되는 것이다.

사람들은 유학을 가리켜 내세의 영원한 세계를 모르고, 영성(靈性)의 신비한 경지를 이해 못하는 수준 낮은 교설이라고 비판할 것이다. 물론 유학에도 종교성이 전혀 없는 것은 아니다. 조상숭배사상, 조상신을 하늘로 보는 경천(敬天)사상, 상례(喪禮)와 제례(祭禮)의 형식과 정신에서 유교의 종교성은 보인다. 나는 나를 낳아 길러 준 부모에게 존경과 사랑을 다한다. 이것을 효라고 한다. 부모의 은혜에 대한 보은(報恩)의 정이 곧 효다. 그리고 내 부모는 또 당신의 부모인 할아버지 할머니에게 효를 바쳤다. 또 조부모는 당신의 부모에게 효로써 보답했다. 이렇게 위로 올라가고 아래로 내려가 효는 이어져 간다. 이 효는 세대를 넘어 시간의 간극을 뛰어넘어 연결된다. 그리하여 마침내 저 마지막 높은 곳, 하늘 끝에까지 다다른다. 그분이 하느님이고 조물주이고 조상신이다. 유학은 생명의 근원인 조상신에게 감사하는 예를 다하고자 한다. 그러므로 유학은 먼저 나의 부모에 대한 효로 시작하여 돌아가신 후에는 조상에 대한 제사로 효를 대신하고, 나아가 하늘에 대한 공경으로 맺는다. 즉 효에서 숭조(崇祖)를 거쳐 경천(敬天)으로 가는 논리다. 그렇다고 유교는 부모님에게 복을 달라고 빌지 않고 조상에게 복을 달라고 제사를 지내지 않는다. 유교의 하느님은 조상신인데 감사의 정성을 바치고자 하는 것이요 은혜에 대한 보답의 의미라고 할 수 있다. 그 조상신을 통해 천국에 가고 극락에 가고 복을 빌고자 하지 않는다. 오히려 그 복과 벌을 받는 것은 나 자신에 달려 있다고 생각한다. 내가 이 세상을 착하게 살고 바르게 살면 반드시 내 후손들이 축복을 받을 것이고, 내가 악행을 일삼고 못되게 살면 내 후손들에게 재앙이 있게 될 것이라고 생각한다. 인간의 행복과 불행, 축복과 재앙, 잘살고 못사는 것을 신에게 돌리지 않고 인간 자신의 몫으로 생각하는 데 유학의 특징이 있다. 그러므로 유학의 입장에서는 무엇보다 인간 자신의 자기 관리가 매우 중요하다. 유학이 수기(修己)를 만사의 근본으로 삼는 이유가 바로 여기에 있다. 수기는 일시에 이루어지는 것이 아니다. 사람이 사람답게 된다는 것이 하루 이틀에 이루어지는 것이 아니다. 어려서부터 마음먹고 다짐을 하고 결심을 하고 실천해야 하는 것이다. 의지가 중요하고 깨침이 필요하고 꾸준한 실천이 있어야 한다. 이러한 자기 수양의 길을 강조한 것이 유학이다. 그런데 유학은 그 자기 수양, 인간되어지는 길을 신앙에 의존하지 않고 나 자신의 주체적인 노력을 통해 이루고자 하는 데 특징이 있다.

3

세속을 떠나지 않고
책임진다

유학은 세속을 떠나지 않는다. 대부분의 다른 종교들은 세속을 추악하게 보아 세속을 떠날 것을 희구한다. 우리가 사는 이 세상은 비록 선악이 공존하고 깨끗함과 더러움, 옳고 그름, 아름다움과 추악함이 공존하는 세상이지만, 우리가 살아가는 삶의 보금자리요 떠날 수 없는 공간이다. 불교에서는 방편상 부득이 세속을 추악하게 보아 출가를 권장한다. 부모형제, 일가친척을 버리고 산으로 들어간다. 아내를 버리고 자식을 버리고 산으로 들어간다. 세속의 모든 것들은 수도의 걸림돌이라고 생각한다. 세속으로 인해 욕망, 사심(私心)이 발동하고, 또 이로 인해 마음이 안정되지 못하고 고통에 시달리게 된다고 생각한다. 천주교 또한 마찬가지다. 신부, 수녀 제도는 불교의 출가 제도와 마찬가지로 세속의 결혼, 가정, 가족이 수행의 큰 걸림돌이라 생각하는 것이다.

유학은 이 점에서 분명히 구별된다. 유학은 세속이 아무리 더럽고 추악해도 인간이 살아야 할 필요 공간으로 생각한다. 이 세상은 내가 살 곳이다. 내가 직장에 근무하고 친구를 만나고 자아를 실현하는 공간이다. 저 지리산이나 계룡산은 산새가 살고 날짐승들이 사는 곳이다. 사람이 살아야 하고 살아가야 할 곳은 바로 이 세속이다. 정치, 경제, 국방, 행정, 문화, 교육이 이루어지는 곳도 바로 여기 이 세상이다. 물론 세속은 도둑도 많고 악이 존재하고 미움과 갈등이 빈번하는 곳이다. 스트레스도 많이 받고 살기도 어려운 곳이다. 그래서 사람들은 이 세속을 미워하고 탈출하고자 한다. 세속을 떠나 자연으로 돌아가고자 하고, 세속을 떠나 초월 세계로 가고자 한다. 그런데 모두가 세속이 싫고 귀찮다고 떠나 버린다면 여기 세속은 누가 지키나? 싫어도 버려서는 안 되는 곳이고 미워도 미워할 수 없는 곳이 세속이다. 왜냐하면 세속은 나를 잉태한 엄마의 자궁이고 나를 길러 준 엄마의 품 안이며 내가 살다 묻혀야 할 묘지다. 행복도 세속에서 이루어지고 불행도 세속에서 생긴다. 기쁨과 슬픔도 세속의 일이다. 세속을 떠난 그곳에는 인간다운 삶이 보이지 않고 인간답게 살 수도 없는 고요의 무덤이다.

유학은 인간이 세속을 떠나지 않고 세속의 중심에 서서 세속을 정화시키고 변화하기를 바란다. 인간은 세속의 중심이요 주체다. 세속을 천국으로 만들 것인가 지옥으로 만들 것인가는 바로 인간 자신의 선택에 달려 있다. 외계인에 의해서도 아니고 신에 의해서도 아니다. 인간의 의지, 인간의 능력에 따라 세상은 달라지고 변화한다. 『논어』에서는 '임중도원(任重道遠)'이라 하여 "책임은 무겁고 갈 길은 멀다"고 하였다.

여말의 유학자 양촌 권근(陽村 權近)은 "나는 오직 생각하건대 불교는 인륜을 버리고 임금과 어버이를 버리는데, 이 세상에 부쳐 살면서 이 세상을 짊어지는 것('우사세 부사세 寓斯世 負斯世')이 우리 유학의 자랑이다"라고 하였다. 권근의 말대로 '이 세상에 부쳐 살며 이 세상을 짊어지는 것'이 유학의 자긍이고 사명이다.

따라서 유학은 강한 우환 의식을 갖는다. 무엇을 걱정하는가? 유학은 나라를 걱정하고 백성을 걱정한다. 유학은 인류의 미래를 근심하고 지구촌의 미래를 근심한다. 유학은 민생을 염려하고 평화를 희구한다. 사회정의에 관심을 갖고 인권에 관심을 갖는다. 자유와 복지를 걱정하고 취업과 행복을 걱정한다. 대부분의 사람들은 이러한 세속의 문제들을 귀찮아한다. 골치 아프고 스트레스를 받기 때문이다. 그래서 가능하면 세속의 문제를 떠나려 하고, 세속을 떠나 조용히 소요하고자 한다. 남의 문제, 국가의 현안, 시국의 문제를 초연하려 한다. 오로지 관심은 나의 건강, 나의 행복이다. 오로지 우리 집의 행복, 우리 가정이 잘사는 것이다. 유학은 이러한 현대인의 행태에 분노를 느낀다. 지나친 개인주의에서 더 나아가 이기주의에 이르는 현대인의 병리 현상에 대해 분노하지 않을 수 없는 것이다. 나는 홀로 사는 것이 아니고 남과 더불어 산다. 그리고 나는 공동체의 보호를 받고 공동체의 일원으로 살아간다. 나만 보이고 우리는 보이지 않는다. 나만 중요하고 공동체는 중요치 않다.

내가 중요하듯이 우리도 중요하며, 개인이 중요하듯이 전체도 중요하다. 내가 있어야 나라가 존재하듯이 나라가 있어야 나의 생명과 재산이 보호되고 행복과 평화가 가능하다. 유학은 내가 태어나 살아가는 이 세상, 이 사회, 세속에 대해 무한한 책임을 가져야 한다고 생각한다. 조선의 유학자들은 사약을 받고 죽어 가면서도 나라 걱정을 했고 백성의 삶을 걱정했다. 세속에 대한 무거운 책임을 짊어지고 묵묵히 대동의 세계로, 왕도 정치로, 인(仁)의 사회로 걸어가야 한다. 군자의 책무가 무겁고 멀지 않겠는가?

4부

인간, 나는 누구냐?

인간은 온전한 존재로서 인인(仁人)이요 군자다. 인인이나 군자는 『논어』속에서 공자가 그리는 바람직한 인간상이지만, 한편 인간은 인인, 군자로 태어났고 그러한 가능성을 지닌 존재이기도 하다. 공자는 『논어』에서 인(仁)을 말하고 그 인을 함양한 인간으로서의 인인(仁人)을 요청한다. 그리고 소인이 되지 말고 군자가 되어야 한다고 군자론을 역설한다.

1
온전한 인간, 거룩한 인간

어진 사람(仁人)

유학은 인간을 어떻게 보는가? 인간을 보는 관점도 긍정적으로 보는 경우와 부정적으로 보는 경우가 있다. 인간을 부정적으로 보면 교육이나 훈련 그리고 정치의 불가능론에 이르게 된다. 인간은 본래 악한 것, 인간은 본래 나쁜 사람으로 보면 아무리 교육을 시키고 훈련을 하고 정치적인 노력을 해도 불가능하다는 결론에 도달하게 된다. 그러나 인간을 긍정적으로 보면 인간의 변화와 성장이 가능하고 인간 사회의 발전이 가능해진다. 무엇보다 인류의 미래에 대해 파란불이냐 빨간불이냐 하는 것이 인간관에 달려 있다.

유학은 근본적으로 인간을 긍정적으로 보고 인간을 위대한 존재로 이해한다. 인간을 만물의 영장으로 보고 우주 경영의 주체로 본다. 유교 입장에서 보면 인간은 하늘의 본성을 지닌 인간이므로 나는 하늘의 자식이요 작은 하느님이다. 적어도 유학은 인간을 신을 닮은 거룩한 존재로 본다. 인간은 온전한 존재로서 인인(仁人)이요 군자다. 인인이나 군자는 『논어』속에서 공자가 그리는 바람직한 인간상이지만, 한편 인간은 인인, 군자로 태어났고 그러한 가능성을 지닌 존재이기도 하다. 공자는 『논어』에서 인(仁)을 말하고 그 인을 함양한 인간으로서의 인인(仁人)을 요청한다. 그리고 소인이 되지 말고 군자가 되어야 한다고 군자론을 역설한다. 유학에서 말하는 인은 여러 가지 의미를 갖지만, '사람다움'으로 해석되어 '어질 인자'(仁)와 '사람 인자'(人)가 하나로 통용된다.(『중용』) 송대 성리학자 진덕수(眞德秀)는 인자(仁字)를 해석하여 말하기를, "사람이 사람이 될 수 있는 까닭이 인(仁)이다. 이 인이 있는 후에야 이름하여 사람이라고 부른다. 만약 그렇지 못하면 사람이 아니다"(『중용』 주註)라고 하였다. 참으로 인을 잘 설명한 말이다. 인(仁)은 인간이 인간일 수 있는 까닭이요, 인간의 본질이자 사람다움이다. 인을 인간의 본심이라 말해도 좋고 본성이라 말해도 좋다. 또 인은 인간이 하늘로부터 부여받은 명덕(明德)이요 양지양능(良知良能)이다. 전인적 인성을 의미한다.

맹자는 인간의 본성은 착하다고 말하면서 반드시 요순(堯舜)을 일컬었다.(『맹자』, 등문공 상滕文公 上) 그는 인간의 본질, 인간의 본성에 대해 긍정적인 이해를 하고 있었다. 그리고 그 실증적인 예로써 요순임금을 들었다. 우리는 흔히 요순시대, 요순 세상을 일컫는데, 이것은 유학의 역사에서 실존한 성인이요 존재했던 이상 세계다. 유학의 개조라 할 수 있는 공자, 맹자가 늘 예를 드는 모범적 인간상이 요순이다. 요순의 인격, 요순 사회, 요순의 정치는 유교의 이상이요 꿈이자 유토피아다.

이 선한 본성은 성리학에서 보면 리(理)만을 지칭한 본연지성이요 천지지성이다. 물론 맹자도 순자가 말하는 신체적인 본성 즉 욕망이라든가 감성적인 측면을 알고 있었다. 그는 항심(恒心)과 함께 항산(恒産)을 말하고,(『맹자』, 양혜왕 상梁惠王 上) 이목구비라든가 신체적인 욕구 욕망도 본성이지만 구한다고 다 얻어지는 것이 아니므로 군자의 입장에서는 이를 성이라 하지 않는다(『맹자』, 진심 하盡心 下)고 하였다. 맹자의 이러한 인간관은 순자의 이론에도 불구하고 하나의 정론으로 굳어져 계승되었다. 맹자의 성선관은 이상적 색채를 갖는데 송대 정이천(程伊川)을 거쳐 조선 시대의 퇴계를 통해 이어졌다. 그러나 이와는 달리 순자 이래 송대의 정명도(程明道), 장횡거(張橫渠), 주자를 거쳐 조선 성리학에서는 율곡을 통해 이어졌으니, 기질 속에서 인간을 보고 신체를 통해 인성을 이해하는 입장이라 할 것이다.

인의예지(仁義禮智)의 4덕을 지닌 인간

『주역』에서는 군자가 지녀야 할 네 가지 덕으로 인의예지(仁義禮智)를 말하고,(『주역』, 건괘문언乾卦文言) 맹자는 인간의 본성을 더욱 구체화하여 인의예지로 설명한 바 있다. 맹자는 사람에게 사체가 있듯이 우리 마음에는 네 가지 마음, 네 가지 감정이 있다고 했다.(『맹자』, 공손추 상公孫丑 上) 첫째는 측은지심(惻隱之心)으로 남을 불쌍히 여기고 생명을 아끼고 사랑하는 마음이다. 맹자는 따뜻한 봄날 아장 아장 걷는 아이가 동네 가운데 우물에 빠지려는 순간 그것을 본 사람은 누구나 측은한 마음으로 그 아이를 구해 주려고 한다 하였다. 이 측은한 마음은 따져 보거나 헤아려 보거나 해서 생긴 마음이 아니라 선천적으로 저절로 생긴 마음이다. 그 아이를 건져 주지 않으면 동네 사람들에게 비난받을 것이 두려워 건져 주는 것도 아니요, 그 아이를 건져 주었다고 동네 사람들에게 칭찬을 받으려고 건져 주는 것도 아니다. 우물에 빠지려는 아이를 보는 순간 측은한 감정이 발동하여 자신도 모르는 사이에 그 아이를 건져 주게 된다. 이 측은한 마음이 누구에게나 선천적으로 주어져 있다는 것이다. 둘째는 수오지심(羞惡之心)이다. 사람은 누구나 자기 자신의 잘못에 대해서는 부끄러워하는 마음이 생기고, 남의 잘못에 대해서는 미워하는 마음이 생긴다는 것이다. 자신의 잘못을 후회하고 부끄럽게 생각하는 수치심을 갖는 것이 인간의 진정이다. 또 타인의 잘못, 부당한 처사에 대해서는 항거하고 분노하는 감정을 갖게 된다. 이러한 수오지심이야 말로 인간의 인간다운 감정의 소산이라고 보았다. 셋째는 사양지심(辭讓之心)이다. 인간은 누구나 남에게 양보하는 마음을 가지고 있다. 버스 안에서 백발의 노인이 지팡이를 짚고 내 앞에 서 있으면 누가 시키지 않아도 미안한 마음을 갖게 되고 자리를 양보하는 마음을 갖게 된다. 아무리 배가 고파도 옆에 있는 친구를 외면하고 빵을 자기 입에 넣을 수는 없다. 이렇게 사양하는 마음, 양보하는 미덕이 인간의 내면에 깊숙이 자리하고 있다고 보았다. 넷째는 시비지심(是非之心)이다. 인간은 누구나 옳은 것은 옳고 그른 것은 그르다고 하여 시비를 가리는 마음을 본래 가지고 있다고 하였다. 옳고 그름을 따져서 분명하게 가르는 마음이 인간에게는 선천적으로 주어져 있는 것이다.(『맹자』, 공손추 상 公孫丑 上) 맹자는 이 네 가지 마음을 가리켜 사단(四端)의 마음이라 하였는데, 송대의 주자는 이 사단의 마음(감정)이 나오게 되는 뿌리가 곧 인의예지의 본성이라 하였다. 즉 측은한 마음은 인(仁)의 본성이 드러나 나타난 감정이고, 수오의 마음은 의(義)의 본성이 드러나 나타난 감정이고, 사양하는 마음은 예(禮)의 본성이 나타난 감정이고, 시비의 마음은 지(智)의 본성이 드러나 나타난 감정이라고 설명하였다. 이렇게 볼 때, 공자가 말하는 인성으로서의 인(仁)이란 인의예지의 본성을 말하는 것이요, 측은지심, 수오지심, 사양지심, 시비지심을 아우르는 인간의 본심을 의미하는 것이다.

성자(性字)에 담긴 인성의 의미

유학에서의 인간 본질, 인간의 본심, 인간의 본성에 대한 이해를 현대적 관점에서 이해해 보기로 하자. 성(性)자의 내면구조를 가지고 생각해 보자. 인간은 몸과 마음, 영혼과 육신으로 되어 있다. 몸에서 나온 본성이 생리적 본성으로 배고프면 먹고 싶고 피곤하면 쉬고 싶고 이성을 좋아하고 잘살고 싶고 모든 것을 갖고 싶은 욕망이다. 마음에서 나온 본성은 지성과 덕성으로 이것은 본래 문제를 일으키지 않는다. 인간의 본성은 이와 같이 다양한 요소를 포함하고 있다. 구체적으로 말하면 지성, 덕성, 감성, 욕망, 의지 등을 내 마음속에 다 품고 있는 것이다. 물론 성리학에서는 엄밀한 개념의 사용을 주장하지만, 일반적으로 이것을 본성이라 해도 좋고 본심이라 해도 좋고 인간의 진정이라 해도 좋은 것이다.

인간이 왜 위대한 존재인가? 인간의 지성은 신의 능력에 버금간다. 인간은 원숭이보다 조금 더 진화된 동물 정도가 아니다. 오늘날 인류가 이룩한 첨단 과학이나 찬란한 문명과 문화는 인간의 지성이 이룩한 성과다. 과학기술의 진보는 어디까지 갈지 그 끝을 알수 없고, 놀라운 속도로 진화하고 진보한다. 컴퓨터의 신비, 스마트폰의 신비야 말로 21세기 도깨비 방망이가 아닌가.

인간은 또 거룩한 덕성의 소유자이다. 이 덕성은 도덕성이요 양심이요 명덕(明德)이다. 이 덕성은 인류가 다른 동물과 차별화될 수 있는 결정적 조건임에 틀림없다. 순자는 인간이 다른 동물과 다른 점을 의리에서 찾았다. 이 의리는 선과 악, 옳고 그름, 진실과 거짓을 구별하는 능력이다. 맹자는 인간의 본성을 선하다고 하면서 그 구체적 증거로 측은지심, 수오지심, 사양지심, 시비지심을 말하고, 그 밑바탕에 내재한 인의예지의 본성을 말한 바 있다. 여기서 시비지심, 지성을 제외한 나머지가 곧 덕성이다. 지구촌 인류가 서로 협력하며 살아갈 수 있는 것은 모두가 도덕적 양심을 지니고 있기 때문이다. 또 우리가 지구촌 어느 곳이든지 믿고 여행을 할 수 있는 것도 인간의 도덕적 양심을 믿기 때문이다. 특히 인간이 타락하고 법을 어기고 죄를 짓고 살아도 반성하고 깨닫고 고쳐서 새로운 사람이 되는 것은 이 도덕적 가능성이 있기 때문이다. 우리는 이 거룩한 덕성의 소유자로서 내가 노력만 하면 군자가 되고 성인이 될 수 있지만, 자칫 욕망과 감성에 빠져 도덕적 이성을 잃게 되면 방종과 타락의 삶을 면치 못한다. 누구든지 이 거룩한 덕성을 부여받았다는 점에서 훌륭한 인간이 될 수 있는 가능성이 있고, 훈련과 교육을 통해 얼마든지 도덕적으로 건강한 사람이 될 수 있다.

유학은 본래 인간의 본성, 본심을 믿고 긍정적으로 보아 전인적 인간성을 추구한다. 이것이 바로 인(仁)의 추구요 인인(仁人)의 바람이다. 과거 우리가 유학을 지나치게 엄숙한 도덕주의나 주지주의적 입장에서 보고자 한 것은 올바른 태도가 아니다. 지성, 덕성, 감성, 욕망, 의지가 잘 어우러진 인간성, 전인적 인격성으로서의 인(仁)을 인간다움으로 보아 온 유학의 전통이야 말로 이 시대가 배워야 할 교훈이다.

성리학에서의 인간 이해

유학이 인(仁)을 인간성 내지 본심으로 이해하는 것은 매우 적절하다. 그 인은 사실 무엇이라고 단적으로 표현하기 어렵다. 인간의 다양한 멋과 아름다움이 종합적으로 표현된 것이기 때문이다. 우리 노래 가사에 '사람이 꽃보다 아름답다'고 하는 말이 있듯이, 인간은 이 세상에 가장 성공한 존재요 가장 아름다운 존재요 멋진 존재가 아닐 수 없다. 사람의 본성을 그 무엇이라 설명해야 할까? 언어로 설명하기 어려울 만큼 신비로운 것이 인간의 본성이요 본심이다. 성리학에서는 이것을 분석해 마음(心)이라고도 하고 본성(性)이라고도 하고 감정(情)이라고도 하고 의지(意志)라고도 했던 것이다. 유학에서 인간의 정신세계, 의식에 대한 설명은 매우 다양하다. 마음도 인심과 도심으로 나누어 설명한다. 인심은 신체의 욕구에서 생긴 마음이다. 예를 들면 배고프면 먹고 싶고 피곤하면 쉬고 싶고 멋있는 이성을 보면 두근거리는 마음이다. 도심은 도덕적인 욕구에서 생긴 마음이다. 예를 들면 지하철에서 불안하게 서 있는 노인을 보고 자리를 양보하는 마음, 억울하게 당하는 여인을 보고 항의하는 마음, 자신의 잘못을 부끄러워하는 마음이 도심이다.

본성에도 본연의 성과 기질의 성으로 구분한다. 본연의 성은 천지의 성이라고도 하는데, 이것은 하늘의 선한 본성을 그대로 부여받은 것으로 이기론으로 말하면 리(理)만을 가리킨다. 기를 배제한 순수한 리만으로서의 인간 본성을 본연의 성이라 한다. 이 본연의 성은 순수한 선일 뿐만 아니라 실제적인 성이 아니라 관념적인 성이요 이상적인 성이라 할 수 있다. 송대의 정이천이나 조선조 퇴계 이황은 이러한 본연의 성을 중요하게 보아 강조하였다.

기질의 성은 인간의 선한 리가 기질 속에 내재한 성을 말한다.

즉 리와 기가 합해 있는 성으로 선할 수도 있고 악할 수도 있다. 인간은 태어나면서 육신을 가진 존재이고 기질을 지닌 존재이므로 누구나 기질의 성을 갖고 태어난다. 이 기질의 성이 현실적인 본성이고 실제적인 본성이다. 기질의 본성 속에서 기를 제외하고 오로지 리만을 가리켜 본연의 성이라고 부른다. 송대 주자나 정명도를 비롯하여 조선조 율곡 이이 등은 기질의 성을 중심으로 인간을 이해하고 이를 중시하였다. 성(性)이란 내 마음의 이치요 내 마음의 바탕이다. 어떤 대상을 보고 마음이 움직이지 아니했을 때 이 성은 고요할 뿐이다. 그리고 순수한 선이다. 이 성을 성리학에서는 본연의 성, 천지의 성이라고 부른다. 그러나 사람은 육신을 가진 존재다. 태어나면서부터 형체를 가지고 태어나 기질을 갖게 된다. 욕망과 감정이 존재한다. 이 기질 속에 본연의 성이 내재한 성을 기질의 성이라고 부른다. 그러므로 이 기질의 성은 이기(理氣)가 합해 있는 성이요 선할 수도 있고 악할 수도 있는 성이다. 그리고 이 기질의 성이야 말로 현실적인 성이요 실제적인 성이다. 공자, 예수, 석가 같은 성인도 피할 수 없는 성이다. 우리 인간이 선하게 사느냐 악하게 사느냐, 아니면 군자로 살 것인가 소인배로 살 것인가는 모두 이 기질의 성에 달려 있다. 기질을 어떻게 다스리느냐가 중요한 과제가 되고 그 주체는 인간 자신이다.

그러면 인간의 감정에 대해서는 어떻게 보는가? 조선조 유학자들은 인간의 감정을 사단(四端)과 칠정(七情)으로 구분하여 이해하였다. 사단이란 인간의 도덕적 특수 감정으로 『맹자』에 나오는 측은지심, 수오지심, 사양지심, 시비지심을 말한다. 이 사단의 감정은 내 마음속에 있는 리가 주도해 드러난 감정으로 비교적 선한 감정이다. 칠정(七情)은 우리들의 신체에서 비롯되는 일반적인 감정으로 『예기』에 나오는 기쁨(喜), 성냄(怒), 슬픔(哀), 두려움(懼), 사랑함(愛), 미워함(惡), 욕심(欲)의 감정인데, 이것들은 상황에 따라 선할 수도 있고 악할 수도 있다. 이 사단의 감정과 칠정의 감정이 각각 다른 곳에서 나와 서로 비교되는 데서 논쟁이 벌어지게 되었다.

위에서 성리학에서의 인간 심성에 대한 분석과 이해를 살펴보았는데, 양명학에서는 이러한 인간 심성의 분석을 부정적으로 보기도 한다. 그것은 인간이야 말로 전인적으로, 온통으로 보아야 참으로 볼 수 있고 이해할 수 있다는 입장에서다. 성리학이 인간의 심성을 지나치게 분석해 이해한 측면은 있지만, 전인적으로 보아야 한다는 것을 간과한 것은 아니라는 점을 유념할 필요가 있다.

감정이란 무엇인가? 만약 우리 인간이 지성이나 덕성만 가지고 있다고 생각해 보자. 총명하고 사리 분별이 명확하고 올바른 삶을 살게 될 것이다. 흔히 말하는 모범생으로서의 인격이 될 것이다. 그러나 한편 생각해 보면 얼마나 무미건조한 인생인가? 피도 눈물도 없는 인간, 그것은 백화점의 마네킹 같은 인간이다. 우리 인간이 인간답고 멋있는 것은 감정이 있기 때문이다. 우리는 슬프면 눈물을 펑펑 쏟고 운다. 기쁘면 감격의 웃음을 토해 낸다. 부정과 불의를 보면 분노의 칼날을 들여 댄다. 또 인간은 항상 무엇을 욕구하며 살아간다. 만약 인간에게 이 감정이 없다면 인간의 삶은 삭막해질 것이다. 시가 나오고 노래가 나오고 춤을 추고 그림이 나오는 것이 모두 감정의 소산이다. 우리는 이 감정의 유희를 통해 인간다워지고 아름다운 문명과 문화를 창조한다. 물론 이 감정이란 때론 지나치거나 부족할 때 문제가 된다. 여기에 감정의 절제와 알맞음이 요구되는 것이다. 유학은 이 감성의 미학을 중요하게 생각해 왔다. 우리가 유학을 엄숙한 도덕주의로 보는 것은 지나친 편견이고 잘못 본 오해다. 공자만 하더라도 시를 좋아하고 음악에도 조예가 깊었다. 유교의 경전으로 『시경』이 있다는 것만 보아도 알 수 있고, 『예기』속에는 유교의 예술철학이 잘 설명되어 있다. 유학은 예(禮)를 말하지만 반드시 악(樂)을 잊지 않는다. 악은 인간의 감정을 통해 드러나는 일체의 표현이요 창조다. 도덕적 방정성(方正性)을 요구하지만 다른 한편으로는 정감에 의한 원융과 소통을 중시하는 것이다.

인간의 마음에 또 의지가 존재한다. 의지란 우리의 마음이 대상 세계에 반응하여 어떤 가치적 지향성을 갖는 것을 말한다. 내가 아름다운 꽃을 보고 마음이 움직여 즐거움과 기쁨의 감정이 나타나고, 여기서 한 걸음 더 나아가 그 꽃을 꺾고자 욕심을 가질 때 의지가 발동된다. 순수한 감정의 발로에서 나아가 선이냐 악이냐, 이로우냐 해로우냐, 할 것인가 말 것인가 등 선택을 결정하는 것이 바로 의지다. 유학에서는 이 의지의 역할을 매우 중시해 왔다. 일찍이 공자도 "열 다섯 살에 학문에 뜻을 세우고, 서른 살에 자신의 입장을 확고히 세우고, 마흔 살에는 어떤 외부의 유혹에도 흔들림이 없으며, 쉰 살에는 천명을 자각하고, 예순 살에는 어떤 것이든 귀에 순하여 이해하기 쉽고, 여든 살에는 내 마음이 하고 싶은 대로 해도 법도에 어긋남이 없었다"(『논어』, 위정爲政)고 자신의 인생을 단계별로 회고하였다. 여기서 학문에의 입지(立志)는 공자 인생의 출발점이요 시작이다. 율곡도 그의 저술이나 임금에게 올리는 글에서 항상 입지를 먼저 강조하였다. 우리들의 삶에서 뜻이 있는 사람과 없는 사람은 다르다. 뜻이 굳센 사람과 약한 사람은 다르다. 뜻을 세워 실천한 사람과 실천하지 못한 사람은 다르다. 학문도 그렇고 습관의 변화도 그렇고 사업도 마찬가지다. 인생의 성공도 뜻을 세웠느냐 못 세웠느냐에 달려 있다. 인간의 변화도, 성장도, 발전도 의지의 소산이다.

전인적 인격성

이제까지 우리는 유학에서 말하는 인간의 마음, 본성, 감정, 의지에 대해 검토해 보았다. 각기 이름은 다르지만 사실은 하나다. 유학은 이 다양한 인간의 마음, 인간의 본성을 전체적으로 보고자 하는 데 특징이 있다. 그래야 진정한 사람의 맛이 나고 멋이 생긴다. 조화로운 인격, 전인적 인간이 유학이 말하는 인(仁)을 지닌 온전한 사람이다. 현대인은 한 가지 만을 잘하는 전문인을 요구한다. 이와는 달리 공자는 "군자는 그릇과 같은 사람이어서는 안 된다"(『논어』, 위정爲政)고 하였다. 유학에서의 바람직한 인간상은 인성을 두루 갖춘 전인적 인간상을 말한다. 공자는 어진 사람으로서의 인인(仁人)에 대해 함부로 허용하지 않았다. 그는 『논어』에서 여러 제자들의 물음에 답하면서 어진 사람이 얼마나 어려운 경지인가를 잘보여 준다. 자로(子路)는 어진 사람이냐고 묻자, 공자는 말하기를, 그가 조그만 천승(千乘)의 나라에 군사 책임자로는 마땅하지만 어찌 어진 사람이라고 할 수 있느냐고 반문한다. 또 염구(冉求)는 어질다고 할 수 있느냐고 묻자, 공자는 조그만 나라의 관료로는 적합하지만 어찌 어질다고 할 수 있겠느냐고 반문한다. 공서화(公西華)는 어질다고 할 수 있느냐고 묻자, 공자는 외교관으로는 적합할지모르지만 어진 사람이라고 하기에는 부족하다고 대답한다.(『논어』, 공야장公冶長) 이처럼 제자들에 대해 각기 장점을 말하면서도 '어진 사람'(仁人)에 대해서는 허락하지 않았다. 그런데 공자는 "안회(顏回)는 그 마음이 석 달 정도 인(仁)을 어기지 않을 수 있으나, 그나머지 사람들은 하루나 한 달 정도 밖에 인에 이를 뿐이다"(『논어』, 옹아雍也)라고 평가하였다. 여기서 공자는 가장 사랑했던 제자 안연(顏淵)에 대해서만 인의 유지가 석 달 정도 가능하지만 나머지 제자들은 기껏해야 한 달이나 하루 정도 유지할 뿐이라고 비교해 설명하고 있다. 인의 실천, 인의 경지가 얼마나 어려운가를 간접적으로 잘 설명해 주고 있다. 이처럼 공자는 어진 사람으로서의 어진 사람이 되는 것, 군자가 되는 것이 매우 어렵다는 것을 말해주고 있다. 그것은 인간으로서 지녀야 할 모든 덕을 종합적으로 골고루 지녀야 하기 때문이다. 냉철한 지성을 지니면서 넉넉한 덕성을 지니며, 또 풍부한 감성을 지니면서 굳건한 의지와 적극적인 욕구를 지닌 인간이다. 지성과 덕성이 잘 조화되고 지성과 감성이 잘 어우러지며, 의지와 덕성으로 감성과 욕망을 알맞게 제어할 줄 아는 사람이다. 인간이 지녀야 할 모든 덕을 고루 갖춘 인격 즉 전인적 인격이야 말로 공자가 말하는 어진 사람이며 군자이며 그릇과 같은 사람이 아니다. 그러므로 공자는 『논어』에서 "사람으로서 어질지 아니하면 예(禮)는 해서 무엇하며, 사람으로서 어질지 아니하면 악(樂)을 해서 무엇하는가"(『논어』, 팔일八佾)라고 묻고 있다. 전인적 인격, 사람으로서의 조화로운 인격을 갖춘 이후에 예의도 필요하고 풍류도 필요하다는 말이다. 그는 또 "오직 어진 사람이라야 능히 남을 좋아할 수 있고 능히 남을 미워할 수 있다"(『논어』, 이인里仁)고 하였다. 남을 좋아하고 미워하는 것도 먼저 어진 사람이 된 이후의 문제라는 것이다. 공자가 얼마나 인(仁)을 중시했는가 하는 것은 "군자는 밥을 먹는 사이에도 인을 어김이 없어야 하고, 갑작스런 순간에도 인해야 하고, 넘어지는 순간에도 반드시 인해야 한다"(『논어』, 이인里仁)고 하였다. 이 말은 우리들이 일거일동 매사에 인을 벗어나서는 안 된다는 말이다. 그런데 그 인은 내가 태어나서부터 본래 지니고 있는 덕이요 마음이다. 공자는 "하루 동안이라도 그 힘을 쓸 수 있겠는가? 나는 힘이 부족한 자를 보지 못하였다"(『논어』, 이인里仁)고 하였다. 이 말은 누구나 사람에게 인의 본성, 인의 가능성을 가지고 있기 때문에 인은 할 수 없는 것이 아니라 하지 않는 것이라 하였다. 내가 찾기만 하면 그 인은 드러나고 내가 구하기만 하면 그 인은 이르게 되는 것이다. 인은 인간의 전인적 본성이요 마음이면서 인간이 가야 할 길이다. 인을 지니고 인을 실천해 가는 데서 인인이 되고 군자가 된다.

현대인이 바라는 인간상과는 거리가 있다. 우리는 현대 교육이 안고 있는 문제가 바로 교육적 편식과 불균형에 있다는 점을 명심해야 한다. 지성, 덕성, 감성, 욕망, 의지가 잘 조화된 인간, 이러한 인간의 조건들을 잘 구비한 균형 잡힌 인간이 유학이 말하는 군자다. 유학은 본래 인간이 이러한 가능성을 지닌 존재로 규정하고 있다. 하늘로부터 부여받은 본성, 본심이 바로 인(仁)이다. 이 인을 그대로 온전하게 구현하는 것이 인간의 길이다.

2
영혼과 육신의 동거,
그 신비

    맹자는 소체(小體)와 대체(大體)로서 인간을 설명한다. 그는 소체를 이목지관(耳目之官), 대체를 심지관(心之官)이라 이름하였다.(『맹자』, 고자 상告子 上) 즉 소체는 감각작용을 하는 신체를 말하고, 대체란 사유 작용을 하는 마음을 말한다. 이는 맹자가 인간을 몸과 마음, 영혼과 육신으로 설명한 것이다. 육신은 소체로서 어떤 대상을 감각하는 기능을 가지고 있다. 즉 눈은 무엇을 보고, 귀는 소리를 듣고, 입은 맛있는 것을 알고, 코는 냄새를 맡고, 사지 팔다리 육신은 대상을 접촉해 느낀다. 이 이목지관은 일체의 감각적 경험의 창구이며 감성 활동의 도구로서 중요하다. 또한 심지관은 일체의 사유 활동을 하는 기관으로서 매우 중요한 역할을 한다. 맹자는 소체가 대체를 이기면 소인이 되고, 대체가 소체를 이기면 대인이 된다(『맹자』, 고자 상告子 上)고 하였다. 사람이 감각적 욕구에 따라 행동하여 덕성과 지성의 절제를 받지 못하면 결국 타락과 실수의 소인배가 된다. 반면 덕성과 지성이 감성과 욕구의 요구를 거부하고 이를 통제하고 절제할 수 있으면 결국 대인이 되고 군자가 될 수 있다. 이러한 인간 심성 내면의 갈등 구조는 본래적인 것이고 운명적이다. 인간은 육신을 갖고 태어난다. 우리의 마음, 정신, 의식은 육신에 갇혀 있다. 그래서 우리 마음은 신체로부터 자유로울 수 없다. 내 마음속에서 지성, 덕성, 감성, 욕망, 의지가 서로 갈등한다. 이들은 내가 태어나서 죽을 때까지 운명적으로 동거한다. 때로는 사이좋게 협력하고 조화로운 상태를 유지하지만, 때로는 서로 갈등하고 대립한다. 걸어가는 아름다운 여인을 보고 감정과 욕망이 발동한다. 이에 지성과 덕성이 견제구를 날린다. 의지는 어느 쪽에 설지 망설이고 기다린다. 무엇을 선택할 것인가는 나 자신의 몫이다. 이러한 사태를 늘 경험하며 살아가는 것이 우리 인생이다. 잠시라도 정신을 놓아서는 안 되고 언제든지 비상경계 태세를 유지하며 살아야 실수 없는 인생을 살 수 있다. 김수환 추기경도 성철 스님도 예외가 아니다. 우리와 똑같은 사람이기 때문이다.

유학은 인간을 심신일체, 영육쌍전(靈肉雙全)의 존재로 본다. 인간은 몸과 마음, 영혼과 육신, 물질과 정신이 오묘하게 하나로 되어진 존재다. 송대의 성리학자 장횡거는 "천지의 수(帥)를 받아 성(性)을 삼고, 천지의 색(塞)을 나누어 가져 형(形)을 삼았다"(『서명』西銘)고 하였다. 여기서 천지의 수란 리(理)를 말하고 천지의 색이란 기(氣)를 말한다. 즉 인간의 양 측면인 성은 천지의 이치를 받은 것이고, 형은 천지의 기를 나누어 가진 것이다. 성은 마음, 정신적 영역에서 하는 말이고 형은 육신, 물질적 측면에서 하는 말이다. 그러므로 인간은 성과 형을 지닌 존재로 규정된다. 형은 인간의 육신이요 신체요 외형이다. 그 속에 내재한 인간의 정신적 본질이 바로 성이다. 퇴계는 "사람이 태어남은 한 가지로 천지의 기를 얻어 체가 되고, 천지의 리를 얻어 성이 되었다"(『퇴계전서』, 답기명언론개심통성정도答奇明彦論改心統性情圖)고 하였고, 권근도 "천지의 리는 사람에 있어서는 성이 되고, 천지의 기는 사람에 있어서는 형이 된다"(『삼봉집』, 심기리편心氣理篇)고 하였다. 이처럼 인간의 본성은 천지의 이치를 부여받은 것으로, 형 즉 신체는 천지의 기를 부여받은 것으로 설명된다. 따라서 인간은 천지의 이기(理氣)를 부여받아 인간성과 함께 인간의 형체를 지닌 존재로 설명된다. 성리학에서도 인간은 성과 형체를 지닌 인간으로 천지의 이기를 부여받았다고 보았다.

또한 율곡은 "마음은 몸의 주재가 되고, 몸은 마음의 그릇이다"(『율곡전서』, 성학집요聖學輯要3)라고 하였다. 율곡은 인간을 몸과 마음이 하나로 합해 있는 것으로 보고, 마음은 몸을 주재하고 몸은 마음을 담는 그릇이라고 보았다. 여기서 인간은 몸과 마음, 육신과 영혼이 유기적으로 묘합해 있는 존재다. 율곡은 또 "사람의 형체가 있는 것은 신체요, 형체가 없는 것은 지각이라"(『율곡전서』, 사생귀신책死生鬼神策)고도 하였다. 여기서는 인간을 신체와 지각으로 묘사한 것인데, 마음의 역할을 지각으로 표현한 것이라 할 수 있다. 그는 또 인간의 한 몸은 혼백(魂魄)의 부곽(郛郭)이라 하고, 혼(魂)은 기(氣)의 신(神)이요 백(魄)은 정(精)의 신(神)이라 하였다.(사생귀신책死生鬼神策) 이와 같이 인간은 신체와 지각의 묘합체이며 혼백과 몸이 합쳐진 존재다. 여기서 혼은 기의 신령한 것이고 백은 정(精)의 신령한 것이다. 율곡은 혼기(魂氣)가 하늘로 올라가고 정백(精魄)이 땅으로 돌아가면, 그 기는 흩어지더라도 금방 흔적마저 없어지는 것은 아니라 하였다. 그러나 그 기가 위로 발양한지 오래되면 소멸된다 하였다.(사생귀신책死生鬼神策) 이러한 인간의 정신과 육체에 관한 상세한 논의는 이미 송대 성리학자들에 의해 이루어졌고 율곡은 이를 원용해 설명하고 있는 것이다.

18세기 실학자 다산 정약용은 인간을 '신형묘합(神形妙合)의 존재'(『여유당전서』, 맹지요의孟子要義)로 설명하고, 옛 경전에서 인간을 총칭하여 '신(身)' 또는 '기(己)'로 불렀는데,(『여유당전서』, 심경밀험心經密驗) 이 말은 심(心)과 신(身), 신(神)과 형(形)을 분리하지 않은 전체로서의 인간을 말한 것이라 하였다. 다산의 이 설명은 유학의 옛 경전에서 인간을 '몸 신자'(身), '몸 기자'(己)로 설명한 것은, 마음과 몸, 영혼과 육신을 분리하지 않고 인간을 통합적으로, 전인적으로 본 것이라는 말이다. 인간을 정신 내지 마음의 측면에서만 보아 온 잘못에 대한 반성이요 비판이다.

만약 인간이 영혼만 있고 육신이 없다면 우리는 인간의 실체를 보지도 못하고 인식하지도 못할 것이다. 또 반대로 육신만 있고 영혼이 없다면 그것은 하나의 고깃덩어리에 지나지 않을 것이다. 인간이 인간다움은 이 육신과 영혼이 오묘하게 합해 하나가 되었다는데 있다. 영혼 달리 육신 달리 구분되어질 때 그것을 우리는 죽음이라고 말한다. 어느 날 우리는 주변에서 지인의 죽음을 목격하게 된다. 방금까지 웃고 대화하고 감정을 표현하던 사람이 죽자마자 굳어 버린 시신으로 돌변한다. 감정도 의식도 표현도 아무것도 하지 못하는 돌덩이요 나무토막이다. 어느 종교에서는 이를 영혼은 하늘로, 육신은 땅으로 환원된 것이라 말하지만, 육신과 영혼이 분리되어 죽음이 된다. 영혼과 육신은 달리 말하면 정신과 물질이라는 존재론적 실체 개념으로 대치해 설명할 수 있다. 정신과 물질은 전혀 다른 것이다. 동서양의 많은 철학자들이 이 문제를 가지고 고민해 왔고, 또 생물학자, 심리학자들이 이 문제를 연구해 왔다. 현대 의학은 인간의 몸에서 어떻게 의식이 발생하느냐 하는 신비의 영역을 풀기 위해 많은 노력을 해 왔다. 물질에서 정신이 발생하는 신비의 구조, 물질은 물질이고 정신은 정신인데 어떻게 이질적 존재를 생산하며 또 어떻게 이 양자가 공존하는가? 이러한 신비의 주인공이 바로 인간이다. 불교의 연기설(緣起說)로 보아도 인간의 존엄성은 충분히 설명된다. 나라는 인간 존재의 탄생, 거기에 얽힌 무수히 많은 인연(因緣)의 화합으로 이루어진 그물망, 이 세상의 모든 것은 홀로 고립적으로 존재하는 것은 아무것도 없다는 불교의 교설은 매우 합리적인 것이다. 이것과 저것이 인연이 되어 또 하나의 결과를 낳고, 또 그것들이 서로 인연이 되어 끊임없이 수많은 존재들을 낳고 또 낳는 유기적 세계관은 매력적이다. 그 속에서 나의 존재를 뒤

돌아보면 나는 역사적 존재요 유사 이래 하나 뿐인 존재다.

인간은 서로 이질적인 정신과 물질이 하나의 존재 양태로 되어진 것이다. 그런데 물질은 정신에 영향을 미치고 정신 또한 물질에 영향을 미친다. 배가 고프면 정신이 없고 만사가 귀찮다. 가난하다 보면 도둑질을 하게 된다. '금강산도 식후경(食後景)'이라 한다. 이러한 예는 모두가 우리의 몸에서 물질이 정신에, 육신이 영혼에 미치는 영향을 말해 주는 것이다. 반면 스트레스를 많이 받으면 병이 걸린다든지, 기분이 나쁜데 식사를 하면 체하는 경우가 있다. 이 경우는 마음이 몸에 영향을 미치고 영혼이 육신에 영향을 미치는 경우라고 할 수 있다. 이렇게 인간은 몸과 마음, 영혼과 육신, 정신과 물질이 상호 교감하고 영향을 미친다. 그 속에서 우리는 살아가고 행복과 불행, 웃음과 눈물, 낙관과 비관의 삶을 살아간다. 인간의 타락이나 도덕적 실수는 모두가 육신이라는 감옥에서 비롯되는 것이다. 만약 우리가 육신으로부터 벗어날 수 있다면 인간의 잘못이나 실수는 애당초 없을 것이다. 그렇지만 육신 없는 인간을 상상해 보라. 육신은 그것대로 얼마나 소중한 것인가? 우리는 몸이 있기에 실체를 인정하게 되고 몸이 있기에 영혼도 건강할 수 있다. 영혼을 보호하는 울타리가 곧 육신이다. 육신이 비록 사고를 치는 위험인자이기는 하지만 육신의 가치와 역할은 매우 소중한 것이다. 부부간의 관계도 마찬가지다. 마음이 멀어지면 몸도 멀어진다고 말한다. 하지만 반대로 몸이 멀어지면 마음도 멀어진다. 무엇이 먼저인지 무엇이 더 소중한지 헤아리기 어렵다. 중요한 것은 몸과 마음, 영혼과 육신

어느 것도 없어서는 안 되고, 둘 다 소중하다는 점이다.

　이렇게 볼 때, 인간이 군자가 되느냐 소인이 되느냐, 올바르게 사느냐 잘못 사느냐 하는 것은 결국 영혼과 육신의 관계에서 비롯된다고 볼 수 있다. 동서양의 철학과 종교가 고민해 온 문제가 바로 이 점에 있다. 육신과 영혼의 동거 속에 있는 인간의 참모습, 그리고 그 속에 살면서 어떻게 선택하고 살아야 할 것인가가 우리의 과제가 되는 것이다. 영혼은 영혼대로 소중하고 육신은 육신대로 소중하다는 것을 전제로, 우리는 영혼과 육신이 조화를 이루고 양자가 갈등하지 않고 균형을 이루는 데서 건강한 삶, 행복한 삶이 약속될 것이다.

3

동거 속의 협력과 갈등,
그 딜레마

인간의 마음, 인간의 본성은 육신과 영혼, 몸과 마음에서 각각 생긴다. 이른바 인간의 본성이란 몸과 마음의 소산이다. 일찍이 맹자는 이처럼 인간이 영혼과 육신, 정신과 신체가 하나로 되어진 관계에서 생기는 문제점에 대해 많은 논의를 해 왔다. 그는 "항산(恒産)이 없어도 항심(恒心)이 있는 자는 오직 선비만이 할 수 있거니와, 백성은 항산이 없으면 인하여 항심도 없다"(『맹자』, 양혜왕 상 梁惠王 上)고 하였다. 여기서 항산이란 생계유지를 위한 기초적인 경제토대를 말하는 것이고, 항심이란 인간의 도덕적 본심을 말한다. 인간은 누구나 항산이 있으면 항심을 지킬 수 있지만, 항산이 없으면 항심을 지키기 어렵다. 오직 선비만은 배가 고파도 도둑질을 하지 않는다는 것이다. 여기서 항산이란 신체적 욕구와 관련되는 것이고, 항심이란 마음과 연관되는 것이다. 항산과 항심이 서로 영향을 미친다고 볼 수 있는데, 이는 바꾸어 말하면 마음과 몸이 서로 영향을 미치는 것과 같은 말이다. 또 맹자는 "생(生) 또한 내가 하고자 하는 바요, 의(義) 또한 내가 하고자 하는 바이지만, 이 두 가지를 겸하여 얻을 수 없다면 생을 버리고 의를 취하리라"(『맹자』, 고자 상告子 上) 하였다. 여기서 생은 생존 욕구요 의는 도덕적 욕구다. 인간에게 있어서 가장 절실한 것이 무엇인가? 하나는 살고 싶은 것이고, 또 하나는 바르게 살고 싶은 것이다. 여기서 생존 욕구는 우리의 신체와 연관된 것이고 도덕 욕구는 정신과 연관된 것이다. 우리는 몸과 마음이 하나된 존재이고 신체와 정신이 하나로 묘합되어진 존재다. 그러므로 생존 욕구와 도덕 욕구는 인간에게 있어 가장 절실한 욕구다. 그리고 인간은 항상 이 생존 욕구와 도덕 욕구의 사이에서 갈등하고 싸운다. 이 양자가 조화를 이루면 바람직하지만 서로 갈등하게 되면 양자택일의 기로에 서게 된다. 맹자에 의하면 유학의 기본 입장에서는 생존 욕구와 도덕 욕구 두 가지를 충족하는 것이 이상적이라고 본다. 즉 돈을 잘 벌어 생활에 불편함이 없이 잘사는 것이 하나요, 또 하나는 올바르게, 떳떳하게, 당당하게 사는 것이다. 이 두 가지를 겸하는 것이 인간의 소망이요 유학이 말하는 진정 잘사는 길이다. 그러나 만약 이 두 가지 가운데 택일해야 한다면 생을 버리고 의를 취하는 것이 유학의 입장이다. 이렇게 볼 때, 인간은 영육쌍전의 존재, 심신묘합의 존재로서 애당초 갈등의 문제를 안고 태어난 존재다. 영혼과 육신, 몸과 마음은 본래 이질적인 것이다. 전혀 다른 것이 하나의 존재 양태로 있는 것이 인간의 모습이다. 몸은 마음에 영향을 미치고 또 마음은 몸에 영향을 미친다. 물론 유학의 입장에서는 마음이 몸의 주인이 되고 마음이 몸을 주재해야 한다고 말하지만, 몸이 얼마나 중요한가는 우리들의 삶에서 매일 느끼는 바다. 손톱에 아주 작은 가시 하나만 박혀도 우리는 괴로워하고 온 마음이 여기에 집중된다. 배가 고프면 다른 생각을 할 겨를이 없다. 유학이 정신, 마음, 영혼의 중요성과 가치를 강조하지만, 몸, 육신, 신체, 물질의 가치를 결코 간과할 수 없는 것이다. 그러므로 맹자는 "형색(形色)이 천성(天性)이니, 오직 성인이라야 가히 형색대로 실천할 수 있다"(『맹자』, 진심 상盡心上)고 하였다. 인간의 생긴 그대로의 모습이 곧 천성이다. 이 말속에는 소위 인간성이라는 것이 몸, 신체, 육신에서 나오는 본성 즉 욕망이나 감성 같은 것을 결코 간과해서는 안 된다는 것을 암시해 준다. 맹자는 오직 성인이라야 형색대로 실천할 수 있다 하였으니, 그 성인은 다름 아닌 인간의 생긴 그 모습대로 온전하게 실현된 인간이다. 인간의 몸과 마음에서 생긴 본성을 온전하게 구현한 전인적 인격을 의미하는 것이다.

필자는 몸에서 나온 본성을 감성과 욕망, 마음에서 나온 본성을 지성과 덕성으로 나누어 설명하고자 한다. 인간은 이 세상에 태어나 죽을 때까지 지성, 덕성, 감성, 욕망의 본성이 동거하며 때로는 협력하고 때로는 갈등하고 대립한다. 이것이 인간의 현주소라고 할 수 있다. 지성은 늘 새롭게 창조하고 변화시키며 수많은 도구들을 만들어 인간의 삶을 편리하고 풍요롭게 만든다. 이 지성의 힘은 앞으로도 얼마나 인간의 삶을 바꾸고 변화시킬지 예상할 수 없다. 이와 같이 지성은 인류가 발전해 온 원동력이며 앞으로도 인류의 미래를 책임질 든든한 자산이다. 그럼에도 불구하고 지성은 많은 약점을 가지고 있다. 지성은 그 자체가 가치적 중립으로 도구적 성격을 갖는다. 지성은 진리를 인식하고 구분하며, 또 기술의 개발과 창조의 능력을 가지고 있지만, 그것을 어떻게 사용하느냐 하는 것은 덕성의 몫이다. 오늘날 우리 사회는 지적 풍요 속에 도덕적 빈곤의 악순환을 거듭하고 있다. 학력이 높고 지적 수준이 높아 탁월한 지식을 가졌다 하더라도 그에게서 도덕성의 담지를 보장받을 수 없다. 아는 것은 아는 것일 뿐 진실, 정직, 신의, 사랑의 덕성은 별개의 문제다. 그리하여 '똑똑한 도둑놈'이 양산되고 나라를 팔아먹는 지능범이 생긴다. 차라리 무식한 도둑은 그 해악이 크지 않다. 지성의 계발은 분명 필요한 것인데도 불구하고 덕성이 결여되면 엄청난 해악을 끼치게 된다. 지성 만능주의를 경계해야 한다. 오늘날 한국 사회가 이렇게 발전해 온 것은 지성의 힘이라는 데 이의가 없다. 다만 그 이면에 잠재한 지성 만능의 병폐가 온갖 사회적 병리 현상으로 노출되고 있다. 또한 지성은 많은데 감성이 부족하면 어떻게 될까? 지성은 인간을 총명하게 만들고 똑똑하게 만든다. 그러나 만약 감성이 결여되면 무미건조한 인간미가 없는 인간이 되고 만다. 지성과 감성이 적절히 어우러질 때 인간은 완성되고 멋있게 된다.

유학은 본래 예(禮)와 악(樂)의 조화를 이상적으로 추구해 왔다. 예는 지성에서 나온다면 악은 감성에서 나온다. 예의, 도덕은 우리에게 반듯한 질서를 준다. 이에 대해 풍류, 유희는 우리에게 즐거움을 준다. 반듯하면서도 인간미가 있는 인격, 질서가 있으면서 즐거움이 있는 사회가 유학이 바라는 인간상이요 이상 사회다. 또한 지성은 욕망을 만나 그 외연을 확장하고 한없는 나래를 펼친다. 인류의 발전사가 곧 지성과 욕망의 교섭에서 이루어진 것이다. 지성은 욕망을 통해 더욱 견고해지고 정교해지고 확장된다. 인류의 우주 도전의 역사가 바로 이를 말해 주고 있지 않은가. 달나라에서 이제 목성, 수성, 금성, 토성 그리고 무한 우주를 향해 도전하는 것이 이를 잘 말해 준다.

다음은 감성과 욕망의 관계에 대해 생각해 보기로 하자. 기쁨, 슬픔, 노여움 등 감정은 인간을 멋지게 하고 인간답게 하는 중요한 것이지만, 이것들은 시도 때도 없이 발동하고 드러나기 때문에 자칫 실수하기 쉽다. 슬픔이 지나쳐도 안 되고 부족해도 안 된다. 부모의 상을 당해 슬픔이 지나쳐 목숨을 잃어서도 안 되고, 또 부모의 상인데도 전혀 슬픔의 감정이나 진심이 없다면 이는 정상이 아니다. 슬픔의 감정이 그 상황에 맞게 알맞게 절제되어야 한다. 인간의 욕망은 한이 없고 감성은 그것대로 발동할 때 상당한 위험성이 따르게 된다. 여기에 지성이나 덕성의 통제와 절제가 반드시 필요하다.

이와 같이 인간의 마음속에 있는 지성, 덕성, 감성, 욕망은 저마다 자신의 역할을 한다. 또 저마다 특성이 있어 인간의 마음, 인간의 품격을 아름답게 완성시킨다. 이들은 때론 서로 대립 갈등하고 때론 서로 협력하면서 나의 마음, 나의 인격을 이룬다.

그런데 이 가운데 가장 중요한 역할을 하는 것이 덕성이다. 지성도 덕성을 갖추어야 그 지성이 인간을 위해 유용하다. 지성의 선과 악은 덕성을 통해 결정된다. 아무리 훌륭한 지성이라 하더라도 그 지성이 도덕성, 정당성, 진실성을 결여하면 그것은 인간에게 해악을 끼치는 흉기가 된다. 생명공학이 인간을 맘대로 만들 수 있더라도 그것이 윤리에 반하게 되면 인류 역사에 해로운 것이 되고 만다. 사람 공장이 생겨 부화장에서 병아리 생산하듯이 사람을 생산하게 된다면 어떻게 될까? 어느 날 젊은 부부가 아기를 낳는 것은 귀찮고 힘들어 사람 공장에 가서 아기를 주문한다. 여자아이로 예능에 재주가 있는 아이, 키는 180cm정도가 되고, 얼굴 모양은 샘플을 보고 고른다. 가격은 8900만원으로 계약한다. 이쯤 되면 사람이 아니라 상품이다. 촌수도 없고 부모도 없다. 생명의 존엄은 무너지고 인격은 물격이 된다. 개나 돼지처럼 사고팔고 주고받는다. 또 생명도 그만큼 소중한지 모르고, 열 달 고생해서 낳았을 때처럼 부모와 자식의 정도 깊어질 수 없다. 핵에너지도 마찬가지다. 선용하면 유용한 에너지가 되지만 악용하면 무서운 흉기가 된다.

법을 전공한 수재가 판검사가 되어 정의를 버리게 되면 법망을 교묘히 빠져나가는 미꾸라지가 되고, 나라를 망치게 되는 합법적인 도둑이 된다. 컴퓨터에 능통한 해커가 욕심을 부리고 부정을 일삼으면 큰 도둑이 된다. 이처럼 지성의 힘은 위대하지만 덕성에 기초하지 않으면 위험한 도구가 되는 것이다. 감성과 욕망의 경우도 덕성에 기초하지 않으면 타락과 패망의 결과를 초래한다. 분노의 감정을 사사로운 개인의 욕심에서 드러내면 죄악을 범하게 되고, 욕망을 절제 없이 추구하면 반드시 죄를 낳는다. 이와 같이 덕성은 인간에게 가장 중요한 요소가 된다. 지성, 덕성, 감성, 욕망이 다 인간에게 있어야 할 본성이요 조건이지만, 그중에 덕성만큼 중요한 것이 없다. 지성, 감성, 욕망을 선하게 사용할 수 있는 제어 기기가 덕성이다. 덕성에 맞는 지성의 발휘, 덕성에 맞는 감성의 발로, 덕성에 맞는 욕구의 분출이야 말로 인간이 가야 할 길이다. 또한 의지도 인간의 마음속에 있는 본성의 하나인데 인간의 성공과 실패, 선행과 악행, 행복과 불행의 관건이 된다. 의지는 내 마음의 가치적 지향성이며 행동과 실천으로 가는 계기가 된다. 의지가 선하냐 악하냐에 따라 선행과 악행이 결정된다. 의지가 강하냐 약하냐에 따라 성공과 실패, 행복과 불행이 갈라진다. 그러므로 유학에서는 의지를 매우 중요하게 생각해 왔다. 공자는 열 다섯 살 때 이미 학문에 뜻을 두었다고 하였고, 율곡은 도처에서 성인을 향한 뜻을 세웠다. 인간의 삶도 의지를 세웠느냐 세우지 못했느냐가 중요하고, 학문의 길도 의지 여하에 따라 좌우된다. 성격을 고치는 것도, 습관을 고치는 것도 의지에 따라 결정된다. 공부를 잘 하는 것도 못하는 것도 의지에 따라 결정된다. 사업의 성공과 실패도 의지에 따라 좌우되고, 훌륭한 인물이 되는 것도 의지에 따라 결정된다. 지성, 덕성, 감성, 욕망이 하나의 행동으로, 실천으로 구체화되는 것은 의지에 의해 결정된다. 의지는 실천의 시작이고 끝이다.

우리는 육신 속에 영혼을 담고 있고, 내 마음속에 지성과 덕성과 감성과 욕망과 의지를 함께 지니고 산다. 죽는 날까지 이들의 대립과 갈등, 협력과 사랑이 계속되지만, 항상 조화로운 협력 속에 내 마음의 평화가 오고 발전이 이루어져야 할 것이다.

4
선악의 본원, '욕망'의 문제

　인간은 누구나 선하게 살고 싶어 하며 악하게 살기를 원치 않는다. 선악은 인간 삶의 근원적인 문제다. 인간의 본성이 선한가 악한가 하는 논의가 분분한데, 성선(性善)을 말해도 악의 문제를 해결해야 하고 성악을 말해도 선을 설명해야 한다. 유학은 근본적으로 성선의 입장에 있다. 사람은 누구나 선한 본성을 가지고 태어났으며, 밝은 덕을 받고 태어났다. 또 사람은 누구나 양심을 갖고 태어났으며, 차마 못하는 사람의 마음을 가지고 태어났다. 그러나 인간은 성장하면서 더러워지고 타락해지고 죄를 짓게 된다. 이 모든 잘못, 비리, 반칙을 악이라고 부른다.

　그러면 악은 어디서 생기는가? 동서양의 많은 종교와 철학은 이 악의 문제를 가지고 고민해 왔다. 악의 퇴치, 악의 소멸, 악에서 선으로의 변화 이것이 동서양 종교와 철학의 주된 화두였다. 만약 이 세상에 악이 없다면, 아니 악한 사람이 없다면 인류 사회는 천국이 되고 극락이 될 것이다. 또 악이 없다면 교육이나 훈련 교화나 법의 제재는 필요가 없을 것이다. 그러나 인류가 사는 세상에는 악이 존재해 왔고 앞으로도 악이 없는 세상은 쉽지 않을 것이다. 악은 어디서 비롯되는가? 그것은 욕망이라는 인간 본성에서 기인한다. 욕망, 욕심, 욕구는 인간의 근원적인 본성의 하나다. 춘추전국시대의 철학자 순자는 이미 인간의 본성을 욕망에서 보았다. 사람은 누구나 태어날 때부터 이익을 좋아함이 있어서 쟁탈이 생기고 사양하는 마음이 없어진다 하였다.(『순자』, 성악性惡) 다산 정약용도 인간에게는 누구나 원욕(願欲)이 있고, 만약 사람에게 이것이 없다면 세상만사 아무것도 할 수 없을 것(『여유당전서』, 대학강의大學講義)이라 했다. 이와 같이 욕망은 분명히 인간의 마음속에 깊숙이 자리 잡은 본성중의 하나다. 문제는 이 욕망을 어떻게 보느냐 하는 데 있고, 이를 보는 관점에서 종교마다 학자마다 많은 차이가 있다.

인간이 마땅히 먹어야 할 때 먹고 입어야 할 때 입는 것은 성현도 면치 못하는데 이것이 천리(天理)이고, 식색(食色)의 생각이 흘러 악하게 되면 이것이 인욕(人欲)이다.(『율곡전서』, 인심도심도설人心道心圖說) 배가 고파서 먹고 목이 말라서 물을 마시는 것은 천리이고, 여기서 한 걸음 더 나아가 보다 더 맛있는 것을 요구하는 것은 인욕이다.(『성리대전』, 권50, 역행力行) 마찬가지로 남녀가 서로 좋아함은 천리지만 남녀로 인하여 성색을 좇는 것은 인욕이며, 궁실(宮室)은 천리지만 높고 큰 집을 짓고 담장을 치장하는 것은 인욕이다.(『송자대전』, 기축봉사己丑封事) 대개 천리 가운데 본래 인욕이 있는 것은 아니다. 다만 그 흐름에 차이가 있어서 마침내 인욕이 나오게 되는 것이다.(『성리대전』, 권50, 역행力行) 이와 같이 인간에게 있어서 자연한 순수 욕구나 욕망은 곧 천리로서 긍정되고 악한 것은 아니다. 문제는 천리에서 벗어나 사사로운 욕심을 부리고 과도한 요구를 했을 때 그것은 인욕으로서 배척되었다. 달리 말하면 희로애락의 감정이나 욕구가 알맞게 나타난 경우는 선한 감정으로 천리요 조화로운 상태라 하겠지만, 그것이 절도에 벗어나 천리에 반할 때는 인욕으로서 경계의 대상이 되었다. 그러므로 사람에게는 단지 천리와 인욕이 있는데, 이것이 이기면 저것이 물러나고 저것이 이기면 이것이 물러나, 중간에 서서 나아가지도 않고 물러서지도 않는 이치는 없는 것이다.(『성리대전』, 권50, 역행力行) 그러므로 주자는 말하기를, "한 사람의 마음은 천리가 있으면 인욕은 없고, 인욕이 이기면 천리는 없어진다. 따라서 천리와 인욕은 아직 협잡한 적이 없다"(『주자어류』, 권13)고 하였다. 이처럼 천리와 인욕은 내 마음에서 상대해 있다. 천리는 인간이 하늘로부터 부여받은 것으로 선한 것이지만, 인욕은 천리를 거스른 것으로 악한 것이 된다. 천리가 많으면 인욕은 줄어들고 반대로 인욕이 많으면 천리는 줄어들게 된다.

한말의 유학자 화서 이항로(華西 李恒老)는 "리(理)로써 기(氣)를 명령하고 의(義)로써 사물을 대처하면 천리라 부르고, 기로써 리를 가리고 사물로써 뜻을 부리면 인욕이라 부른다"고 하였다.(『화서아언』, 권4, 사부事父) 이처럼 천리와 인욕은 리와 기, 의와 사물의 주종 관계 내지 사역 관계로서 규정되기도 한다. 그러므로 유학에서는 이 욕망의 절제와 중절(中節)이 매우 중요한 문제로 대두되었다.

그런데 천리는 도덕적 합리성이고 인욕은 사사로운 욕망이다. 천리는 공적인 것이고 인욕은 사적인 것이다. 천리냐 인욕이냐의 경계는 공(公)인가 사(私)인가에 있다. 인욕은 개인의 이익을 추구하는 것으로 악의 근원이다. 그러므로 유학에서는 항상 천리를 잘 보존하고 인욕을 없애야 한다고 말한다. 천리와 인욕은 동시에 성립하지 않는다. 천리가 성하면 인욕은 줄어들고 인욕이 왕성하면 천리가 점점 소멸된다.(『성리대전』, 권50) 천리는 사람이 배고플 때 밥을 먹는 것이요 남성이 여성을, 여성이 남성을 좋아하는 것이다. 그러나 배가 고프다고 과식을 하거나 이 여자 저 여자를 함부로 사랑하는 것은 인욕이다. 불교나 기독교 그리고 도가에서는 욕망을 끊거나 없도록 하라고 가르친다. 무소유(無所有)를 말하고 무심(無心)을 말하고 무욕(無欲), 금욕(禁欲)을 권장한다. 욕망은 모든 죄악의 근원이라고 보는 부정적 입장이다. 천주교의 신부, 수녀 제도나 불교의 출가 제도는 이러한 금욕, 절욕(絶欲)의 한 형태라고 볼 수 있다.

유학의 입장에서는 욕망을 결코 부정적으로 보지 않는다. 맹자는 무엇을 하고자 하는 순수 욕구를 선하다고 규정하였다.(『맹자』, 진심 하盡心 下) 오히려 인간의 욕구는 인류 역사를 발전시키고 인문 사회를 창조하는 원동력이다. 만약 젊은 학생들이 욕심, 욕망을 다 버렸다고 가정해 보자. 어떻게 될 것인가? 젊은이가 학점도 필요 없고 취업도 필요 없고 돈도 필요 없다고 한다면, 세속을 초월한 도인이 아니라 세상을 살 수 없는 무능인이 될 것이다. 젊은이가 어떤 고난과 역경도 참고 견디며 노력하는 것은 욕망이 있기 때문이다. 욕망은 인간 삶의 원동력이다. 자본주의란 인간의 욕망을 긍정적으로 이념화시킨 것에 지나지 않는다. 오늘의 인류 역사가 발전해 온 것은 인간의 욕망 덕분이다. 욕망을 부추켜 계기를 만들고 동기부여를 통해 보다 향상된 성과와 업적을 이루어 냈던 것이다. 물론 이 욕망의 무한 경쟁이 낳는 부작용과 폐해는 왜 없겠는가? 그럼에도 불구하고 유학은 적어도 욕망을 인정하고 그것을 통해 인류 사회가 더욱 발전해야 된다고 보는 것이다.

그러면 이 욕망이 악의 원천이 아니라 선한 활력이 될 수 있는 길은 어디에 있는가? 인간의 욕망이란 육신에서 근원하는 것이고, 지성, 덕성과의 관계에서 선악이 결정된다. 인간의 욕망은 고장 난 오토바이와 같다. 거침없이 무한 질주한다. 인간의 욕망은 한이 없고 끝이 없다. 욕망은 원하는 대로 다 이루어지지 않는다. 그러므로 맹자는 눈이 색을 보고, 귀가 소리를 듣고, 입이 맛을 보는 생리적 본성은 우리가 원한다고 다 얻어지는 것이 아니므로 군자는 성이라고 하지 않는다고 하였다.(『맹자』, 진심 하盡心 下) 맹자는 마음을 기르려면 욕심을 적게 갖는 것보다 더 좋은 것이 없다(『맹자』, 진심 하盡心 下) 하였다. 여기서 욕심을 적게 갖는다는 말은 욕심, 욕망을 알맞게 한다는 말이다. 오늘날 우리에게 필요한 것은 욕망을 끊는 것이 아니라 욕망을 상황에 알맞게 절제하는 일이다. 술도 끊는 것보다 알맞게 먹기가 더욱 어렵다. 물질적 욕구도 끊는 것이 아니라 알맞게 하는 것이 중요하다. 욕망은 인간을 위대하게 만들기도 하고 비참하게 만들기도 한다. 욕망은 인간을 멋지게 만들기도 하지만 자칫 추하게 만들 수도 있다. 욕망은 인간에게 용기를 주고 활력을 주기도 하지만, 잘못하면 인간을 얽어매는 굴레가 된다. 욕망은 선하게 쓸 수도 있고 악하게 쓸 수도 있다. 그 선택은 오로지 나자신에게 달려 있다. 욕망은 뜨거운 감자지만 잘 다스리면 맛있는 먹이가 된다. 욕망을 선용할 것인가 악용할 것인가 그것이 문제로다.

5
두 가능성을 지닌
인간의 멋

　인간은 누구나 자신의 의사와 관계없이 이 세상에 던져진 운명의 존재요 숙명의 존재다. 내가 이 시대에 한국인으로 태어난 것은 나의 선택이 아니다. 내 의사와는 무관하게 이 시대에 한국인으로 태어난 것이다. 그리고 내가 내 부모를 만난 것도 선택의 여지가 없다. 내 의사와 관계없이 나는 아무개의 자식으로 태어난 것이다. 우리는 사람의 힘으로 어찌할 수 없는 이것을 운명이라고 말한다. 사람들은 곧잘 운명에 핑계 대고 사는 경우가 많다. 일찍 죽는 것도 운명이요 가난한 것도 운명이라고 말한다. 자신의 출세와 행복도 운명의 탓으로 돌린다. 유학에서도 운명을 논한다. 맹자에 의하면 사람이 아름다운 것을 보고 싶어 하고, 맛있는 음식을 먹고 싶어 하고, 향기로운 냄새를 맡고 싶어 하고, 몸이 편한 것을 요구하는 것은 인간의 본성이기는 하지만, 그것은 인간이 원한다고 이루어질 수 없는 한계가 있으므로 군자의 입장에서는 성이라고 부르지 않는다(『맹자』, 진심 하盡心 下) 하였다. 우리들의 감관이나 신체적 욕구가 한없는 욕망을 추구한다고 그대로 만족할 수 없다. 운명이란 사람의 힘으로 어찌할 수 없는 것이다. 인간은 분명히 자연 앞에, 세계 앞에 운명적으로 던져진 존재다. 그러나 인간은 그 운명 앞에 굴종하고 맹종만 하는 연약한 존재가 아니다. 그 운명을 극복하고 바꾸고 변화시키는 힘을 가지고 있다. 이것이 인간의 무서운 능력이요 위대한 이유다. '운명아 비켜라, 내가 나간다'고 당당하게 외치며 주어진 운명을 이겨 나간다. 여기에 인간의 멋진 일면이 있다.

물론 인간은 신 앞에, 조물주 앞에, 부모인 자연 앞에 겸손해야 한다. 생물학적으로 보면 얼마나 연약한 존재인가. 망망대해에 떠 있는 배 속의 나는 참으로 초라하다. 지리산 속에 서 있는 나는 하찮게 보인다. 더구나 우주 속에서 지구촌은 작은 공이고, 그 속에 한반도는 작은 점에 지나지 않는다. 그 속에 있는 나는 티끌과도 같다. 이렇게 보면 인간은 참으로 왜소한 존재요 보잘 것 없는 존재다.

그러나 이 작은 인간은 또 위대한 존재다. 주어진 환경, 주어진 운명을 이겨 나가는 강인한 존재다. 수 만년 역사 속에서 운명을, 자연적 환경을 극복하고 오늘의 문명사회를 건설한 주인공이다. 『중용』 맨 첫머리에 "하늘이 명(命)한 것을 일러 성(性)이라 한다('천명지위성'(天命之謂性))"는 글이 나온다. 송대 유학자 정이천(程伊川)은 이것을 해석하기를, "하늘이 주었다고 보면 명(命)이고, 인간이 받았다고 보면 성(性)이라 한다"(『성리대전』, 권29)고 해석하였다. 하늘이 우리 인간에게 준 것이 명이다. 이 명(命)이 무엇인가? 첫째는 생명(生命)이다. 하늘이 우리에게 목숨을 준 것이다. 이 생명이야 말로 인간은 물론 만물에게 준 하느님의 가장 중요한 선물이다. 생명은 우리를 존재하게 하는 기반이요 대전제다. 그래서 생명처럼 더 소중한 것은 없다고 말한다. 더욱이 이 생명은 단 하나뿐이기 때문이다. 혹 일부 종교에서는 내세를 말하고 부활, 재림 등을 말하지만 검증된 바는 없다. 다만 믿음일 뿐이다. 그렇게 본다면 인간의 생명은 일회성이고 반복되지 않는다. 여기에 인간 삶의 엄숙함이 따른다. 둘째 하늘은 우리에게 운명(運命)을 주었다. 이것이 바로 인간의 한계다. 언젠가 죽어야 한다는 사실, 인간은 누구나 병들고 늙어 간다는 사실, 인간의 능력에는 한계가 있다는 사실 이것이 우리에게 놓여진 운명의 굴레다. 셋째는 하늘이 우리에게 사명(使命)을 주었다. 사명은 하늘의 명령이다. 인간으로 하여금 이렇게 살라는 명령이다. 운명을 뒤집으면 사명이 된다. 인간은 한편 운명적인 존재로서 약한 존재요 한계상황에 직면한 존재지만, 다른 한편으로는 그 운명을 박차고 나가 자신의 운명을 개척하고 바꾸는 용감한 인간이다. 이것이 인간의 인간다움이요 인간의 멋진 모습이다. 인간이 신 앞에, 운명 앞에 항상 굴종하고 산다면 어떨까? 물론 신앙의 입장에서는 그것이 진정한 자유요 행복이라고 말할 것이다. 인간은 그 주어진 한계를 극복하여 자신의 삶을 개척하고 창조하는 데 위대함이 있고 아름다움이 있다.

그러면 무엇이 인간을 운명에서 사명으로 전환케 하는가? 이것이 인간의 주체성이다. 유학에서의 인간은 내 힘으로 살아가는 당당한 존재다. 공자는 말하기를 "사람이 도(道)를 넓힐 수 있지 도가 사람을 넓히는 것이 아니다"(『논어』, 위령공衛靈公)라고 하였다. 우리는 자칫 진리가 우리를 새롭게 만든다고 말한다. 유학은 이와는 달리 사람이 진리의 주체요 창조자라고 선언한다. 진리는 하느님이 창조자가 아니라 인간이 창조적 주체다. 이러한 사고에는 인간을 하느님, 신의 반열에 올려놓고 보는 인간의 권능과 위상을 지극히 높여 보는 사고가 깔려 있다. 또 공자는 말하기를, "인(仁)을 행하는 것이 나에게 있지 남에게 있겠느냐?"(『논어』, 안연顏淵)고 반문하고, 또 "내가 인(仁)을 하고자 하면 이 인은 이른다"(『논어』, 술이述而)고 하였다. 인을 실현하는 것, 인을 내 것으로 체인하고 체득하는 것이 남에게 있지 않고 오로지 나에게 있다는 말이다. 인은 본래 나의 본성으로 주어진 것이므로 내 속에 있다. 문제는 그것을 내가 깨닫지 못하고 또 게을러서 노력하지 않기 때문에 인의 실현이 어렵다는 말이다. 또 군자가 되는 것도 내가 하면 되는 것이지 남에게 있는 것이 아니다. 더욱이 사람은 누구나 노력하면 요순과 같은 성인이 될 수 있다(『맹자』, 고자 하告子 下)고 본다. 유학은 성인과 중인은 본래 같다고 본다. 맹자는 성인은 나와 같은 부류라 하고, 마음의 보편성을 먼저 얻은 이가 성인(『맹자』, 고자 상告子 上)에 불과하다고 하였다. 다른 종교에서 말하듯이 성인은 저 높은 곳에 있어 닿을 수 없는 존재가 아니다. 인간은 그저 전지전능한 하느님만을 경배하고 바라보기만 하는 그런 존재가 아니다. 내가 바로 하늘의 본성을 가진 존재이고, 하늘은 내 본성 속에 내재해 있다 그러므로 나는 거룩한 하늘의 본성의 소유자다. 이쯤 되면 내가 곧 하느님이 아닌가. 그러므로 성인, 군자가 되는 것도 내가 노력하면 되는 것이지 인간 아닌 타자에게 요청할 필요가 없다. 왕도를 실현하고 대동세계를 실현하는 것도 신에게 빌어서 되는 것이 아니라 인간이 노력하면 가능한 것이다.

또한 행복하게 사느냐 불행하게 사느냐, 선하게 사느냐 악하게 사느냐, 잘 사느냐 못사느냐의 문제도 운명이 아니라 나에게 달려 있는 것이다. 내 삶의 주체가 바로 나이고, 내 인생을 어떻게 설계하고 어떻게 살 것인가 하는 것도 오로지 나의 책임이다.

율곡의 성리학에서 보면 우리 인생은 본래 리(理)와 기(氣)가 오묘하게 합해진 존재다. 기는 그 속성이 본래 발(發)한다. 여기서 발이란 운동, 작용 등 변화 현상을 의미한다. 일체의 모든 존재는 태어나서 자라서 완성되고 언젠가는 병들어 죽는다. 이 모든 것이 기의 발이다. 사람이 태어나 청소년기를 거쳐 장년기를 지나 노년기에 들다가 마침내 죽는 것이 모두 기의 발이다. 콩이 싹이 터서 자라서 꽃이 피고 열매를 맺는 것이 모두 기의 발이다. 소위 불교에서 말하는 일체 모든 것이 변하지 않는 것은 아무것도 없다는 교설이 바로 기의 발을 말한다. 그러므로 만물의 생성 변화는 모두가 기발 아닌 것이 없다. 그런데 그 기의 발이 반드시 리(理)에 맞게 이루어져야 한다. 즉 이치에 맞는 실현, 이치대로 이루어져야 진정한 의미에서의 기발이승(氣發理乘)이다. '발하는 기위에 리가 올라타 있는 모습'(기발이승)이 율곡이 본 세계요 사물의 진상이다. 기발의 주체는 인간의 몫이다. 리에 맞는 발을 할 것인가 아니면 리에 반하는 발을 할 것인가는 우리의 선택이다. 어차피 우리는 리와 기를 떠나서 존재할 수도 없고 생존할 수도 없다. 기의 발이 때론 위험하고 타락의 유혹도 있고 실족의 가능성도 있지만, 그 기의 발을 두려워해서는 안 된다. 기의 발은 우리의 삶 그 자체이기 때문이다. 기의 발이 없이는 그 무엇도 할 수 없다. 다만 그 기의 발을 리에 맞게 하느냐 리에 반하느냐 하는 것은 인간 자신의 몫이요 책임이다. 유학은 이처럼 내 삶, 내 인생의 결정권, 주도권을 인간 자신이 갖고 있다고 본다. 나의 행복, 나의 성공을 신에게 위탁하지 않고 인간 아닌 타자에게 간구하지 않는다. 인간 자력의 길을 구하지 신앙의 길을 원치 않는다. 그것은 인간 자신에게 신성(神性)이 주어져 있고 다양한 인간성과 능력을 갖추고 태어났기 때문이다. 즉 하느님의 능력, 전인적 능력으로서의 영성(靈性)을 지닌 인간이기 때문이다. 신앙의 길보다는 인간 자신이 스스로 선택해 자신의 길을 예비하고 준비하여 보람찬 인생, 아름다운 인생을 사는 것이 유가적 삶이라고 보았다. 비록 신처럼 완벽하지 않지만 때로는 실수도 하면서 자신의 인생을 만들어 가고 창조해 가는데 인생의 묘미가 있고 멋이 있지 않은가. 그리고 군자가 되느냐 소인이 되느냐? 올바르게 잘 사느냐 못사느냐? 행복하냐? 불행하냐? 의 관건이 바로 나에게 달려 있는 것이다. 나의 선택이 내 인생을 좌우하고 내 삶을 결정한다. 신앙의 길이 아니라 인간 주체의 길을 걷는 데 유학의 특징이 있다.

5부

인간의 길,
– 책임은 무겁고 갈 길은 멀다
–임중도원(任重道遠)–

유학은 이 세상을 결코 버릴 수 없고, 세속을 결코 외면할 수 없다. 세속의 중심에
서서 세속을 바로 잡고 세속을 깨끗하게 해야 한다. 비록 힘들고 고달파도 이 길을
버릴 수 없고 포기할 수 없다. '임중도원(任重道遠)', 책임은 무겁고 갈 길은
멀다.(『논어』, 위령공衛靈公) 이것이 우환 의식이다. 유학은 나라를 걱정하고
사회를 걱정하고 백성을 걱정한다. 국가 안위를 걱정하고 민생을 걱정한다. 정치를
걱정하고 교육을 걱정한다. 비록 피곤하고 힘들어도 이 길을 버릴 수 없다. 이것이
유학의 길이다.

1
본성대로 사는 것이 사람다운 길
－솔성지도(率性之道)－

　　인간이 인간답게 가야 할 길을 우리는 인도(人道)라고 부른다.
차에는 차도가 있고 배에는 수로가 있듯이, 우리 인생에도 인도가
있다. 동물들은 그들의 삶의 방식이 있고, 식물들 또한 그들만의 존
재 방식이 있다. 인간이 인간답게 가야 할 바른 길을 우리는 다른
말로 윤리라고도 하고 예(禮)라고도 한다. 윤리란 인간을 수레에
비유하고 인간이 살아가는 도리를 말하는 것이다. 또한 인간이 일
상생활에서 지켜가야 할 도리를 예 또는 예의, 예절이라고도 한다.

　　『중용』에서는 "하늘이 명(命)한 것을 일러 성(性)이라 하고, 그
성을 좇는 것을 일러 도(道)라" 하였다. 이 말은 사람이 가야 할 바
른 길이 곧 자기 본성을 좇아가는 것이라고 본 것이다. 우리는 어떻
게 사는 것이 잘 사는 길인가? 하고 고민을 한다. 유학은 그 해답을
인간의 본성대로 사는 것이라 응답한다.

이미 앞에서 우리는 인간의 본질, 인간의 본성에 관해 생각해 보았다. 공자는 그것을 인(仁)이라 하고 맹자는 인의예지(仁義禮智)라고 했다. 『대학』에서는 명덕(明德)이라 하고 양명학에서는 양지(良知)라고도 한다. 유학의 입장에서 사람이 가야 할 길, 인간답게 사는 길은 다름 아닌 본성대로 사는 것이다. 인을 실현하는 것, 인의예지를 실천하는 것이 곧 인간답게 사는 길이다. 양지를 실현하고 성리(性理)를 실현하는 것이 곧 인간의 길이다. 특히 유학이 전인적 인간성으로서의 인을 인간의 본질로 본다면, 인간이 가야 할 길은 인의예지가 조화된 인간의 길이다. 즉 지성, 덕성, 감성, 욕망, 의지가 어우러진 인간성을 잘 실현하는 것이 곧 인간이 가야 할 바른 길이다. 인간성의 온전한 실현이 인간이 가야 할 길이다. 인간이 자기다움을 실현한다는 것은 자아실현이기도 하고, 인간의 책임과 의무 그리고 도리를 다한다는 의미도 된다. 윤리나 예의도 인간의 도리를 말하는 것으로 인간의 길을 의미한다. 공자는 "예(禮)가 아니면 보지도 말고 듣지도 말고 말하지도 말고 행하지도 말라"(『논어』, 안연顏淵) 하였다. 송대 주자는 예를 가리켜 '천리의 절문(節文) 인사의 의칙(儀則)'이라고 설명하였다. 예는 우주 자연의 변동, 순환의 경계를 표현한 것이요, 인간의 일상생활에서의 규칙이라고 할 수 있다. 인간이 예의를 지켜야 한다는 것은 인간의 도리를 지킨다는 뜻이다. 인간의 도리를 지키지 않으면 사람이라고 할 수 없으므로 예의를 지키지 않는다면 사람이기를 포기한 것이나 마찬가지다. 유학이 왜 그렇게 예를 중시했는가를 곰곰이 생각해 보아야 한다. 예는 인간 사회의 문화 규범이요 양식이다. 이 예로써 사회질서가 유지된다면 그것은 매우 높은 문화 수준을 말해 주는 것이다. 인간의 본성을 좇는다는 이 '솔성(率性)'의 가르침은 인간의 길을 말해 주는 것이기도 하다. 본성에 반하거나 본성에서 일탈하지 않고 본성에 충실하고 본성을 잘 지키는 것이야 말로 인도의 핵심이다. 본성대로 살고자 한다면 먼저 우리의 본성이 무엇인가를 잘 알아야 한다. 이것이 성리학을 공부하는 목적이다. 인성의 이치를 깊이 성찰하고 깨닫는 데서 인간다운 삶의 길이 열린다. 인간이 어떻게 살아야 할 것인가 하는 문제는 인간이란 무엇인가를 잘 아는데 있다.

『중용』에서는 "도는 잠시도 나를 떠날 수 없는 것이니, 떠날 수 있으면 도가 아니다" 라고 하였다. 이 도는 인도로서 인간이 가야 할 바른 길이요 옳은 길이다. 만약 도라는 것이 사람을 떠나고 나를 떠난다면 진정한 도가 아니다. 이 도는 곧 하늘이 준 본성대로 좇는 것이다. 이 본성을 도덕 이성이나 지성의 측면에서만 보려는 시각도 있지만, 유학의 근본 입장에서 보면 욕망이나 감성, 의지까지도 포괄하는 본성이다. 전인적 본성을 실현하는 것, 생긴 그대로의 본성을 완전 실현하는 것이 곧 솔성이요 사람이 가야 할 바른 길이다.

유학에서는 인도를 성(誠)으로 설명하기도 한다. 『중용』에서는 "성(誠)은 하늘의 도요 성하는 것은 사람의 도다" 라고 하였다. 여기서 성은 우주 자연의 진실한 이법을 말한다. 그 진실한 자연의 이법이 인간에게 주어졌을 때 진실한 마음으로서의 실심(實心)이 된다. 인간이 가야 할 길은 성(誠)을 실천하는 것이다. 성은 천도의 본질이면서 인심의 본질이다. 인간의 본래 모습은 진실하고 참된 것이다. 그래서 공자는 인간의 태어난 자연 상태는 정직하다고 하였다.(『논어』, 옹야雍也) 유학이 인간의 성선(性善)을 말하는 것도 이러한 맥락이다. 참되게 사는 것, 진실하게 사는 것, 정직하게 사는 것이 곧 인간이 가야 할 길이다. 16세기 율곡은 조선 사회를 실(實)이 없는 무실(無實)사회로 규정하고 실을 힘써야 한다고 무실(務實)을 주장하였다. 이 실(實)은 진실의 실이요 실천의 실이요 실용의 실이다. 16세기 후반 율곡의 시대를 '실이 없는 사회'로 진단한 것은 임금과 신하가 모두 거짓을 하고 있고, 말만 무성할 뿐 실천이 없으며, 허례허식과 명분만 있을 뿐 실용, 실질이 없다는 고발이었다. 이처럼 율곡이 무실(務實)을 시대정신으로 제창한 것은 인간의 진실한 자아를 실현해야 한다는 인도의 외침이었다.

또한 유학이 말하는 인도는 인(仁)의 실현으로도 설명된다. 이 인은 인간의 본질이요 전인적 인간성이다. 인간은 밥을 먹는 때도 위급한 상황에서도 넘어지는 순간에도 반드시 인에 의거해야 한다는 말이다. 이 인을 매사에 실천하고 항상 인에 의거해 행동하고 살아가는 것이 인간의 길이요 도리다. 맹자는 "인(仁)은 사람의 마음이요 의(義)는 사람의 길이다. 그 길을 버리고 가지 않으며, 그 마음이 달아났는데도 구할 줄을 모르니 슬프도다! 사람이 닭이나 개가 도망가면 찾을 줄 알면서 마음이 도망갔는데도 찾을 줄 모르니, 학문의 길은 다름 아니라 그 도망간 마음을 도로 찾는 것일 뿐이다"(『맹자』, 고자 상告子 上)라고 하였다. 맹자에 의하면 인(仁)은 인심이고 의(義)는 인도다. 따라서 인간의 본성인 인을 실천하는 것이 곧 의라는 말이다. 여기서 의는 인도라는 말이다. 옛날 시골에서 사람들은 저녁에 해가 저물면 도망간 개나 닭을 찾는다. 그런데 자신의 양심, 본심이 시궁창에 빠져 도망간 것은 찾을 줄 모른다. 맹자는 인심을 도로 찾는 것, 인을 회복하는 것이 곧 인도요 학문의 길이라고 보았다. 인간, 어떻게 살아가야 할 것인가? 유학은 매우 소박한 답을 내린다. 주어진 본성에 충실하고 사람의 본성에 맞게 살아가라고.

2
죽을 때 까지 이 걸음으로

─ 수기(修己) ─

수기는 만사의 근본

유학은 죽을 때까지 이 걸음으로 자기 수양의 길을 묵묵히 걸어간다. 『대학』은 "천자로부터 서인에 이르기까지 수기를 근본으로 삼는다"고 하였다. 자신을 닦는다는 수기, 수양의 길은 인간의 책임이요 인간의 의무다. 우리는 왜 수기, 수양을 해야 하는가? 인간은 본래 착하게 태어났고 훌륭하게 태어났지만, 육신을 가진 존재인 한 감성과 욕망을 피할 길이 없다. 욕심쟁이 나, 희로애락의 감정에 빠져 있는 나, 방황하는 나를 바로 잡고 지켜야 한다. 사람은 누구나 하늘의 자식으로 훌륭하게 태어났지만, 육신의 감옥에 갇혀 욕망의 노예가 되고 방탕과 타락의 길을 걷는다. 태어날 때는 선하게, 정직하게, 깨끗하게 태어났지만, 점차 성장하면서 때가 묻고 이끼가 끼고 타락하게 된다. 여기에 내 마음을 갈고 닦는 노력이 필요하다. 그래서 공자는 "허물을 고치지 않는 것이 허물이라"(『논어』, 위령공衛靈公)고 하였다.

동서양의 많은 종교와 철학들이 수양의 문제를 중시해 왔다. 특히 유학은 이 문제에 많은 관심과 노력을 경주해 왔다. 『대학』은 유학의 규모와 체계를 설명한 책인데, 먼저 내 몸을 닦고 가정을 바르게 하고 나라를 잘 다스리고 천하를 화평하게 해야 한다 하였다. 여기서 수신, 제가, 치국, 평천하의 논리가 나오는데, 가장 근본이 되고 기초가 되는 것은 수기요 수양이다. 이 세상의 모든 일은 사람이 하는 것이고 인간이 주체가 된다. 정치, 교육, 문화, 국방, 과학기술, 경제 등 모든 일에 사람이 주체가 된다. 한 가정의 부모가 되어서도 마찬가지고 부부가 되어서도 마찬가지다. 한 인간으로 떳떳하지 못하면 부모 노릇도 남편과 아내의 역할도 할 수가 없다. 더욱이 직장에서, 모임에서, 사회에서, 국정의 큰 일터에서, 국제적 역할에서도 자신이 당당하고 바르지 못하면 제 역할을 할 수가 없다.

수기란 현대적으로 말하면 자기 관리를 말한다. 이 자기 관리 속에는 여러 가지 의미가 함축되어 있다. 먼저 건강해야 한다. 건강이 담보되지 않으면 아무리 좋은 생각과 노력을 해도 이루어질 수 없다. 음식을 조심하고 운동을 적당히 열심히 해야 한다. 오늘날 건강에 대한 관심이 매우 높다. 장수하는 데 있어 타고난 바탕도 중요하지만, 스스로 어떻게 건강관리를 하느냐가 더욱 중요하다. 건강하게 오래 사는 길도 여러 가지가 있다. 신앙이 깊은 사람은 하느님에게. 부처님에게 기도를 통해 희구할 것이다. 돈 많은 사람은 보약과 의학적 검진을 통해 해결하려 할 것이다. 유학의 입장에서 보면 건강도 내가 노력해 얻어지는 것이다. 식생활을 어떻게 할 것인가? 술은 어떻게 먹어야 하고 담배는 피워야 할 것인가 말아야 할 것인가? 매일 먹는 식단을 어떻게 꾸려야 할 것인가? 운동은 무엇을 어떻게 할 것인가? 건강 검진은 제대로 받고 있는가? 이 모든 것이 건강관리를 위한 자기 노력이다. 적어도 유학은 건강도 남이 주는 것이 아니라 내가 노력해야 된다고 생각한다. 신을 향한 기도보다도 나의 꾸준한 운동을 통해 유지해야 된다고 본다. 물론 건강에 있어 마음이 얼마나 중요한가는 재론의 여지가 없다. 종교적 수양을 통해 마음의 평정을 얻는 것 또한 나의 노력이 아니겠는가? 일찍이 춘추전국시대의 유학자 순자(荀子)는 건강을 위해 신에게 복을 비는 것이 나을까 아니면 내가 운동을 하는 것이 나을까 스스로 묻고, 건강을 위해 내가 운동하는 것이 낫다고 대답한 바 있다. 당시 종교적 그늘에서 벗어나지 못했던 시절 선각자 순자는 신과 인간의 관계를 단절시켜 보았다. 신이 인간에게 복을 주는 것도 아니고 화를 주는 것도 아니라는 것이다. 또 하늘이 인간에게 장수를 주는 것도 아니고 요절의 벌을 내리는 것도 아니라 하였다. 신과 인간, 하늘과 인간은 전혀 관계가 없다고 선언했던 것이다.

또한 인간은 지적(知的)으로 성숙해야 한다. 책을 많이 읽고 전문 지식을 깊이 있게 배우고 교양을 넓게 습득해야 한다. 그래서 무지와 야만을 벗어나 교양 있고 지성을 갖춘 인간이 되어야 한다.

『대학』은 유학의 규모와 체계를 설명한 책인데, 수기의 구체적 방법으로 맨 앞에 '격물치지(格物致知)'를 제시하고 있다. 이는 사물의 이치를 탐구하고 옳고 그름을 판단하여 도덕의 이치를 탐구하는 것을 말한다. 본래 격물치지의 함의에는 과학적 탐구, 사회적 탐구, 도덕적 탐구, 문학적 탐구, 예술적 탐구 등 다 방면의 탐구를 포함하는 말이다. 서구의 문명사는 이 격물치지의 역사가 한편 과학기술로 발전하고 한편 철학으로 발전한 반면, 동양 사회는 오로지 철학적으로, 도덕적으로 발전해 온 특징이 있다. 유학이 수기를 강조하는 것은 여러 가지 측면이 있지만, 먼저 야만에서 문명에로 나아가야 한다는 의미가 크다. 『논어』도 맨 앞에 '배워서 때로 익히면 또한 기쁘지 아니한가?'(『논어』, 학이學而)라는 공자의 메시지가 등장한다. 또 공자는 배우기를 좋아하는 사람을 호학(好學)이라 하여 매우 강조하였다. 『대학』에서도 학문의 길, 인생의 길을 진리 탐구에서 시작하는 것이라고 하였다. 우리가 어려서부터 죽는 날까지 배우고 또 배우는 것은 인간이 지적으로 성숙해야 인간다운 삶을 살 수 있기 때문이다. 모르는 것을 아는 즐거움이야 말로 그 무엇에 비유할 수 없는 즐거움이다. 지적으로 성숙해지는 것, 지적으로 살찐 사람은 스스로도 행복하거니와 남을 돕고 사회를 위해 크게 기여할 수 있다. 아픈 사람을 치료하는 의사, 약사, 자동차를 운전하는 기사, 비행기를 운전하는 조종사, 창조적 사물을 설계하는 과학자 등 이 모두가 격물치지에서 오는 것이다. 인간이 평생 배우고 또 배워야 할 이유가 여기에 있다. 배움은 수기의 중요한 요소다.

또한 인간은 도덕적으로 반듯한 사람이 되어야 한다. 수기에 있어 도덕은 매우 중요하다. 우리는 항상 도덕적 가치를 중시하고 추구해야 한다. 그리고 자신의 언행이 도덕에 맞도록 행동하고 살아야 한다. 그래서 도덕적 인간이 되고 도덕적 품성을 갖추어야 한다. 이 도덕적 품성을 갖추는 것은 하루 이틀에 이루어지는 것이 아니다. 어려서부터 선행이 쌓이고 올바른 습관이 형성되어야 하나의 품성으로 형성될 수 있다. 오늘날 우리 사회는 똑똑한 우등생은 만들려고 하면서도 올바른 사람에는 관심이 없다. 특히 유학은 도덕적 가치를 매우 중시한다. 그것은 지성, 감성, 욕망이 도덕에 의하지 않고는 선한 것이 될 수 없기 때문이다. 똑똑한 지성도 올바르게 사용될 때 그 가치가 있고, 감성도 올바르게 드러날 때 아름답게 된다. 또 욕망도 도덕에 맞게 발휘될 때 진정한 인간의 활력이 된다.

또한 감성과 욕망을 절제하고 알맞게 발휘할 수 있어야 한다. 진정한 수기는 전인적 인간으로 만들어지는 데 있다. 편식을 해서 어느 한쪽으로 기울어진 인격이 형성되면 그것은 일종의 병적인 현상이 되고 만다. 감성과 욕망은 무조건 나쁜 것이 아니라 그것을 어떻게 사용하느냐에 달려 있다. 감성은 인간을 맛나게 하고 멋지게 한다. 감성은 문화의 토양이다. 이 감성을 어떻게 잘 발휘하느냐에 따라 인간미가 나타나고 지성과 덕성도 조화를 이루게 된다. 욕망도 부정적으로 보아서는 안 된다. 욕망은 인간의 본성으로 좋게 보면 인간 삶의 활력이요 원동력이다. 그러나 이 욕망이 과도하게 분출되면 다방면에서 부작용을 낳는다. 그래서 욕망의 절제, 욕망의 알맞은 표출이 요청된다.

　유학은 이러한 수기의 내용을 다양하게 설명한다. 지(知), 인(仁), 용(勇)이라 하여 지혜를 쌓고 사랑과 배려를 배우고 용기를 실천하는 것이 인격 수양이라고 말한다. 인(仁), 의(義), 예(禮), 지(智), 신(信)을 말하여 남을 사랑하고 항상 올바르게 살며, 예의를 지키고 지혜로우며 믿음직해야 한다고 말하기도 한다.

마음공부는 내가

　유학은 수기의 방법론에 대해 많은 관심과 노력을 기울여 왔다. 특히 마음의 문제가 그 중심이 된다. 몸의 주체가 마음이기 때문이다. 다른 동물들은 몸에 의해 마음이 끌려 다니지만, 인간은 마음에 의해 몸을 통제하고 몸을 다스릴 수 있다고 보았다. 그래서 성리학이나 양명학은 물론이고, 공자, 맹자의 유학에서도 한결같이 마음의 문제를 수기의 핵심 과제로 삼는다. 맹자는 사람들이 자기 집의 개나 닭이 밖에 나가 돌아오지 않으면 이것을 찾을 줄 알지만, 내 마음이 시궁창에 빠져 행방불명이 되었는데도 찾을 줄을 모른다고 개탄하였다. 맹자는 학문의 길은 다름 아니라 도망간 마음, 실종된 마음을 도로 찾는 '구방심(求放心)'에 있다 하였다.(『맹자』, 고자 상告子 上) 공자는 인간의 마음이란 나아가고 들어오는 것이 때가 없고 그 향할 바를 알지 못한다(『맹자』, 고자 상告子 上)고 묘사하였다. 우리의 마음은 정말 유동적이다. 어떤 대상을 보며 다양한 반응을 하게 된다. 금방 미국을 갔다 베이징을 다녀 부산에 와 있다. 또 어린 시절의 동무를 기억하다 군대에 함께 근무했던 전우를 생각하고, 첫사랑의 아름다운 추억을 기억하기도 한다. 우리들의 마음은 과거에서 미래로, 행복에서 불행으로, 긍정에서 부정으로, 미움에서 사랑으로 움직인다. 그래서 우리는 '내 마음 나도 모른다'고 말한다. 마음을 어떻게 관리하느냐가 동서양 철학의 공통된 고민이었다. 그래서 유학에서는 마음을 관리하는 방법과 요령에 대해 많은 지혜를 발굴하였다.

무엇보다 중요한 것은 수기의 주체가 바로 나라는 사실이다. 내 몸을 닦는다는 것, 자기 관리의 주체는 곧 나다. 수기는 남이 해주는 것도 아니고 하느님이 도와주는 것도 아니다. 자기 관리는 오로지 자신의 몫이다. 활을 쏘는 것이 군자의 도와 비슷한데, 정곡(正鵠)을 잃으면 도리어 그 자신에게서 구한다.(『중용』) 활을 쏠 때 과녁에 잘 맞지 않으면 사람들은 남의 탓을 하고 외부 환경을 탓한다. 그러나 화살이 정곡에 맞지 않은 것은 누구의 탓이 아니라 오직 나의 탓이다. 수기도 마찬가지다. 군자는 모든 문제를 남에게서 찾지 않고 자신에게서 찾는 것이다. 이처럼 군자의 도는 자신에 근본하는 것이다.(『중용』)

유학은 인간의 가능성을 믿는 데서부터 출발한다. 인간은 변화 가능한 존재라는 데 있다. 지적으로 무식한 상태를 유식하게, 도덕적으로 악한 사람을 선하게, 게으른 사람을 부지런하게 고칠 수 있다고 보는 것이다. 그것도 남에 의해서가 아니라 내 스스로 노력하면 가능하다고 본다. 인간은 죽는 날까지 수기의 길을 걸어야 한다. 왜냐하면 노력하면 변화하기 때문이다. 수기를 통해 군자가 되고 성인이 되어야 하는 것이다. 군자나 성인은 애당초 그렇게 태어나는 것이 아니라 노력에 의해 만들어지는 것이다. 유학은 인간의 완성, 자기 관리를 신에 의존하지 않고 자신의 주체적 노력으로 해결하고자 한다. 즉 신앙의 길을 걷는 것이 아니라 인간 주체의 길을 걷는 것이다. 인간이 착하게 사느냐 악하게 사느냐, 군자가 되느냐 소인배가 되느냐, 성인이 되느냐 중인이 되느냐 하는 것이 모두 나 자신에게 달려 있다. 그것은 인간이 본래 그렇게 될 수 있는 가능성을 가지고 태어났다고 보기 때문이다. 인간의 본성 속에 선의 싹이 들어 있고, 지혜의 가능성이 주어져 있으며, 강인한 의지와 실천의 능력이 있다고 보았다. 유학이 이처럼 인간의 변화 가능성을 믿고 실천하는 것은 매우 중요한 특징이다. 신앙의 입장에서는 안타깝다고 말하고 미흡하다고 말할 수 있지만, 유학의 입장에서는 인간 자신을 믿고 인간 스스로의 노력과 결단에 의해 인간 자신의 행복과 삶을 실현할 수 있다고 확신하는 것이다. 설사 신의 도움이 필요하고 하느님의 보살핌이 있을지라도 먼저 인간 자신의 성실한 노력이 전제되어야 한다고 본다. 사람으로서 할 수 있는 최선의 노력을 다하고, 그 후에 신의 가호와 하느님의 도움을 요청하라고 말한다. 즉 '진인사대천명(盡人事待天命)'이다. 감을 먹고 싶으면 손수 감 전지를 가지고 감을 따든가 감나무에 올라가야 한다. 감나무 밑에서 기도한다고 감이 내 입에 들어오지는 않는다. 오늘날 많은 현대인들은 인간이 해야 할 일은 하지 않고 복을 바라고 부귀영화를 원한다. 정말 하느님이 계시다면 그런 사람에게 복을 주지 않을 것이다. 복을 바라고 무병장수를 원하거든 먼저 그 자신이 성실하게 노력해야 한다.

중국 은(殷)나라의 탕(湯) 임금은 세숫대야에 "진실로 날로 새롭고자 하면 날마다 날마다 새롭고 또 날마다 새로워라.('구일신 일 일신 우일신'(苟日新 日日新 又日新))"라는 좌우명을 새겨 놓고 세수할 때마다 그것을 보며 자신의 마음을 다스렸다 한다. 유교적 수기의 전형을 보게 된다. 송나라의 유학자 장횡거(張橫渠)는 벽에 『서명(西銘)』을 걸어 놓고 매일같이 자신을 다스렸으며, 율곡은 19살 때 금강산으로 가출하여 1년 동안 스님들과 생활하다 돌아와 「자경문(自警文)」을 짓고 성인되기를 결심하였다. 유학자들은 마음을 다스리고 몸을 바르게 하기 위해 명(銘), 잠(箴), 계(戒) 등을 지어 수기의 지침으로 사용하였던 것이다. 인간 완성을 향한 끊임없는 노력을 중시하는 것이 유학이요, 최선의 노력을 통해 인간은 반드시 변화한다고 보는 것이다.

성(誠)

성(誠)이란 진실한 자아를 말한다. 유학은 거짓이 없는 것을 성(誠)이라 하여 매우 중시하였다. 『중용』에서는 참이야 말로 만사 만물의 알파요 오메가라 하였다. 참되지 아니하면 그 어떤 것도 존

재할 수 없다('성자 물지종시 불성무물' 誠者 物之終始 不誠無物)
하였다. 우리는 진실해야 한다든지 참되어야 한다는 말에 대해 너
무도 당연하다고 생각한다. 아니 진부한 얘기라고 일축하기 쉽다.
그러나 진실, 참은 만사의 근본이다. 위『중용』의 말은 진실의 중요
성과 그 의의를 매우 요령 있게 설명한 명언이다. 참(진실)은 만사,
만물의 근본이다. 그 어떤 것이 시작되고 완성되는 것이 오로지 참
에 있다. 만약 참되지 아니하면 이 세상의 그 어떤 존재도 존재할
수 없다. 사람으로서 갖추어야 할 몸과 마음의 내용을 진실하게 갖
추었을 때 우리는 그를 인간이라고 부른다. 달리 말하면 사람이 사
람으로서 지녀야 할 참된 본성을 잃는다면 진정한 의미에서의 인간
일 수 없다. 참, 진실이 얼마나 중요한가? 우리는 과거 참, 진실, 정
직이라는 도덕적 가치가 경제와 밀접히 연관해 있다는 점을 잘 알
지 못했다. 그런데 1990년대 외환 위기에서 국가 신용도, 국가 신인
도가 얼마나 중요한가를 실감하게 되었다. 신용도, 신인도란 신용
의 척도요 진실성의 척도를 말한다. 그 나라, 그 은행, 그 기업의 신
용도, 성실도를 의미하는 말이다. 반대로 신용이 없다는 말은 부실
(不實)의 정도를 말하는 것이다. 우리는 은행을 믿었는데 알고 보
니 자산보다 빚이 더 많은 부실 은행임을 알게 되었다. 부실기업,
부실 은행, 부실 국가란 결국 정직하지 못하고 진실하지 못하다는
말이다. 공자는 '무신불입(無信不立)'이라 하여 신용이 없으면 설
수 없다 하였다. 신용이 없으면 개인도 설 수 없고 기업도 설 수 없
고 나라도 설 수 없다는 말이다. 세계 일류 기업이 되려면 신용도가

높아야 하고 정직한 기업이 되어야 한다. 그 회사의 상품을 믿고 신뢰할 때 그 회사가 발전한다. 만약 일시적인 이익을 위해 반칙을 하고 속이면 당장의 이익은 볼지 모르나 결국 망하고 만다. 오늘날 세계적인 자동차 회사, 전자 회사가 불량 상품으로 인해 리콜 사태를 초래하고 심지어는 기업의 쇠망에 이르는 경우를 종종 볼 수 있다. 진실, 참, 정직이 얼마나 중요한가를 실감하게 된다. 진실이 곧 경제와 직결되고 도덕이 이윤으로 나타나며 신용이 발전의 기반이 되는 것이다. 유학이 진실로서의 성(誠)을 강조하는 것은 관념적인 것이 아니다. 이 성이 도덕적 참이라면 송대 성리학이나 조선조에 와서는 실(實)의 개념으로 전환되었다. 실학(實學), 실용(實用), 실리(實理), 실심(實心), 실공(實功), 실효(實效), 실천(實踐) 등 무실(務實)사상으로 구체화되어 도덕과 경제의 상함(相涵) 논리를 여실하게 보여 주고 있다.

『대학』에서는 수기의 조목으로 '성의(誠意)'를 말하고 있는데 뜻을 참되게 하라는 말이다. 소위 그 뜻을 참되게 하는 것은 스스로 속임이 없는 것이다. 군자는 반드시 홀로 있을 때를 삼간다.(『대학』) 이것이 소위 신독(愼獨)이다. 숨어 있는 것보다 더 잘 보이는 것은 없고, 작은 것보다 더 잘 나타나는 것은 없다. 그러므로 군자는 그 홀로 있을 때를 삼간다.(『중용』) 그러므로 증자(曾子)는 말하기를, "열 눈이 보는 바이며, 열 손가락이 가리키는 바이니, 그 삼엄함이여!"(『대학』)라고 했던 것이다. 우리는 남이 쳐다보거나 남과 함께 있을 때는 행동을 조심하지만, 캄캄한 밤 아무도 없는 새벽

길에서는 행동을 조심하지 않게 된다. 깊은 밤 아무도 없는 내 방안에서 누구를 미워하고 원망한 것 그것은 나 밖에 모른다. 아무도 보지 않았고 듣지 않았다. 숨은 일이고 감춰진 일이지만 그것은 내가 가장 잘 알고 있다. 그러므로 하늘이 내 방에 내려와 보고 열 사람의 눈이 쳐다보고 열 사람의 손가락이 가리킨다고 생각하며 홀로 있을 때를 조심해야 한다는 말이다. 율곡은 "한 마음이 참되지 아니하면 만사가 모두 거짓이므로 어디를 간들 행할 수 있으며, 한 마음이 진실로 참되면 만사가 모두 참되니 무엇을 한들 이루어지지 않을 수 있겠는가?"(『율곡전서』, 성학집요聖學輯要3)하였다. 그러므로 성의는 수기치인의 근본이 된다. 만일 뜻이 참되지 않으면 서지 못하고, 이치가 참되지 않으면 궁구되지 못하고, 기질이 참되지 아니하면 변화할 수 없다(『율곡전서』, 성학집요聖學輯要3) 하였다. 이처럼 뜻이 참되냐 거짓이냐가 앎의 문제나 실천의 문제에서 관건이 되는 것이다. 우리가 어떤 일을 할 때 가장 먼저 갖추어야 할 것이 내 마음의 진실성이다. 내 마음이 거짓이면 하는 일도 거짓이 되고 만사가 부실이 되고 만다. 빌딩을 짓고 다리를 세우면서 원칙을 어겨 시멘트의 함량을 속이고 철근의 숫자를 속일 때 대형 참사의 비극을 초래하게 되는 것이다. 참은 우리의 일상생활 곳곳에서 언제든지 지켜야 할 윤리요 마음가짐이다. 이 참이 없으면 그 어떤 것도 존재할 수 없고 그 어떤 일도 이루어질 수 없는 것이다.

경(敬)

유학에서는 경(敬)을 마음공부의 방법론으로 중시한다. 송대 정이천과 주자는 경을 '주일무적(主一無適)'이라고 설명하였다. 이 말은 내 마음이 어느 대상 하나를 주로 하여 이리 저리 나아감이 없는 것을 말한다. 즉 마음이 흩어지지 않고 어느 하나의 대상에 집중하는 것을 말한다. 마음이 둘로, 셋으로 갈라지면 우리는 그 무엇을 제대로 알 수도 없고 하는 일이 성공할 수도 없다. 골프 선수가 다른 생각을 하고 스윙을 하면 공이 헛 데로 날아가고, 가수가 노래하며 다른 생각을 하면 수많은 관중 앞에서 가사를 잃어버리게 된다. 자동차 공장에서 불량품이 나오는 것은 누군가 조립 과정에서 마음을 집중하지 않았기 때문이다. 엄마가 밥을 지을 때 경(敬)하지 아니하면 밥을 태운다. 아이들이 늘 책상 앞에 앉아 있기는 하는데 성적이 오르지 않는 것은 마음이 흩어져 있기 때문이다. 이 경은 우리들의 일상생활 어디서나 적용되는 마음공부의 방법이다.

또한 경의 의미는 마음을 주재하여 사심이나 욕심으로부터 벗어나는 것을 말한다. 마음이 이리 저리 흔들린다는 것은 욕심, 사심이 게재하기 때문이다. 무엇을 갖고 싶고 무엇을 하고 싶을 때 마음은 흔들리고 이리 저리 갈라진다. 이 욕심과 사심을 버리고 마음의 평정을 찾는 것이 곧 경이다. 다시 말하면 천리를 보존하고 인욕을 막는 방법이 곧 경인 것이다. 그러므로 이 경은 한편으로는 진리를 인식하는 길이기도 하고, 다른 한편으로는 마음공부의 첩경이기도

하다. 그러므로 주자는 "경자(敬字) 공부는 성인으로 들어가는 문호의 첫째니, 철두철미하여 잠시라도 틈이 있을 수 없다"(『성리대전』)고 하였다. 조선의 유학자 퇴계는 『심경(心經)』을 읽은 후에 비로소 심학의 연원과 심법(心法)의 정미(精微)함을 알게 되었다 하고, 평생에 이 책을 믿기를 신명(神明)같이 하고 이 책을 공경하기를 엄한 아비와 같이 하였다고 하였다. 『심경』은 송나라의 유학자 진덕수(眞德秀)가 쓴 것인데 경(敬)을 이념화한 저술로 마음공부의 교재로 널리 사용되었다. 퇴계는 이 『심경』을 애지중지하여 자신의 곁에 두고 항상 마음공부의 지남(指南)으로 삼았다. 마치 기독교인들이 늘 『성경』을 곁에 두고 살듯이, 퇴계도 이 『심경』을 그렇게 중요시하고 생활의 지침으로 삼았다. 또한 퇴계는 68세 때 17살의 나이로 왕이 된 어린 선조에게 「성학십도(聖學十圖)」를 지어 올리면서 "이 「성학십도」는 모두 경(敬)을 위주로 한 것이라" 하였다. 퇴계는 "마음은 한 몸의 주재인데, 경 또한 한 마음의 주재라"(『퇴계전서』, 성학십도聖學十圖) 하였다. 우리는 몸과 마음이 하나로 되어 있다. 그런데 몸을 주재하는 것이 마음이다. 그리고 이 마음을 주재하는 것이 곧 경이다. 그러므로 『논어』에서는 자로(子路)가 군자에 관해서 묻자 공자는 "몸을 닦는 것은 경으로써 해야 한다"(『논어』, 위령공衛靈公)고 대답했던 것이다. 또한 『주역』에서는 "경(敬)으로써 마음을 곧게 하고, 의(義)로써 행동을 반듯하게 해야 한다"(『주역』, 곤괘坤卦)고 하였다. 여기서 경은 내 마음을 곧게 하는 방법이고, 의는 외면의 행동을 반듯하게 하는 방법이다. 마음과 행동은 밀접히 연관되어 있다. 마음이 곧 행동으로 드러나고 표현된다. 마음이 정직해야 행동도 바르게 된다. 경은 내면의 마음을 정직하게 진실하게 하는 방법이다. 그리고 의는 밖으로 드러나는 내 행동을 단정하게 하는 방법이다. 이처럼 경은 마음공부의 중핵으로 유학에서 매우 중요하게 여겼던 것이다.

그런데 우리는 경을 실천하고 경을 생활화한다고 할 때, 마음을 한 곳으로 모아야 하니 행동을 멈추고 호흡을 가다듬고 말을 멈추어 정좌(正坐)를 하고 단좌(端坐)를 해야 한다고 생각한다. 참선하듯이 앉아서 눈을 지그시 감고 호흡을 가다듬고 있노라면 결국 졸리게 될 것이다. 아무 일도 하지 않고 아무런 생각도 없이 조용히 경을 찾는 것은 죽은 경 즉 '사경(死敬)'이다. 참된 경은 일이 있을 때나 없을 때나, 생각이 있을 때나 없을 때나 마땅히 경으로써 주를 삼아야 한다.(「성학십도(聖學十圖)」) 밥을 먹을 때도 경을 지녀야 하고, 공부를 할 때에도 경을 지녀야 하고, 공장에서 자동차를 만드는 데도 경을 해야 한다. 그림을 그리는 데도 경을 해야 하고 글씨를 쓰는 데도 경이 필요하다. 골프를 치는 데도 경이 필요하고 마라톤을 하는 데도 경이 필요하다. 경은 우리의 일거일동, 매사 언제든지 필요하고 떠나서는 안 되는 것이다. 이러한 경을 '활경(活敬)'이라 한다. 경을 통해 마음을 바르게 하고 행동을 바르게 하여 건전한 인격, 훌륭한 군자가 되어야 한다.

유학에서는 이 경의 방법을 여러 가지로 개발하여 활용하였다. 수렴(收斂)은 경의 시작으로 마음을 거두어 잡는 것을 말한다. 행동거지의 수렴, 언어의 수렴, 마음의 수렴을 말하는데, 이는 곧 '구용(九容)'을 의미한다. 율곡은 몸과 마음을 수렴하는 데는 구용보다 더 절실한 것이 없다 하였다. 이 구용은 "발은 무겁게 하고, 손은 공손하게 하고, 눈은 단정히 하고, 입은 조용히 다물며, 말소리는 나직하고 조용히 하고, 머리는 곧고 바르게 하며, 기운(호흡)은 엄숙하게 하고, 서는 모습은 덕스럽게 하며, 얼굴 모습은 밝고 명랑해야 한다"(『예기』禮記)는 것을 말한다. 이 마음을 거두어 잡아 이 마음이 고요하여 어지럽게 일어나는 생각이 없게 하고, 환히 빛나서 어두운 잘못이 없게 해야 한다.(『율곡전서』, 격몽요결擊蒙要訣)

또 『논어』에서 공자는 군자가 행동하기 전에 생각해야 할 아홉 가지를 '구사(九思)'라 하여 강조하는데, 보는 것은 밝기를 생각하고, 듣는 것은 총명하기를 생각하고, 얼굴빛은 온화할 것을 생각하고, 몸가짐은 공손할 것을 생각하고, 말을 할 때는 참되기를 생각하고, 일을 할 때는 공경할 것을 생각하고, 의문이 생기면 물어볼 것을 생각하고, 분하고 화가 나면 어려움을 생각하고, 얻음이 있으면 옳음을 생각하라 하였다.(『논어』, 계씨季氏)

함양(涵養)은 몸과 마음을 거두어 잡는 것을 말한다. 움직일 때나 고요할 때나 모두 함양은 실천에 있으므로 함양은 실천적 성격이 매우 짙다. 율곡에 의하면 아직 내 마음이 작용하지 아니할 때에는 마음이 고요하여 진실로 털끝만 한 생각도 없지만, 단지 고요한 가운데에서도 지각이 어둡지 아니하여 마치 공허하고 조짐이 없는 것 같지만, 만물이 성하게 이미 갖추어져 있음과 같다. 이 경지는 극히 이해하기 어렵지만, 단지 이 마음을 경으로 지켜 함양이 오래 쌓이면 스스로 마땅히 힘을 얻게 된다. 이른바 함양한다는 것은 또한 다른 방법이 아니라 다만 고요하여 염려가 생기지 않게 하고, 또렷또렷하여 조금도 혼미하지 않게 할 뿐이다.(『율곡전서』, 성학집요聖學輯要3) 율곡은 수렴(收斂)은 경(敬)의 시작이요 함양(涵養)은 경의 끝이라 하였다.

율곡에 의하면 함양과 성찰은 상대적으로 말하면 함양은 오로지 고요한 곳만을 가리켜 말한 것이라 할 수 있지만, 단지 함양만을 들어 말한다면 동정(動靜)을 겸한다. 따라서 함양과 성찰은 상대적으로 보면 함양은 정적(靜的)인 방법이라 할 수 있고, 성찰(省察)은 비교적 동적(動的)인 방법이라고 할 수 있다. 그러나 단지 함양만을 가지고 논한다면 동정을 겸한다고 보는 것이다. 성찰은 마음에서 발단하는 선악의 은미한 기미를 잘 살피는 것이요, 천리와 인욕의 경계를 잘 살피는 것을 의미한다.

유학에서의 수기 공부는 신독(愼獨), 공구(恐懼), 근독(謹獨), 양성(養性), 물조장(勿助長), 상성성(常惺惺), 조심(操心), 양심(養心), 존심(存心), 지심(持心), 허심(虛心), 실심(實心) 등 다양하게 표현되고 있는데, 결국 그 핵심은 마음에 있는 것이다. 마음은 때때로 변하고 움직이지만, 또 그 마음의 바탕은 맑고 깨끗하고 참된 것이다. 그리고 마음은 온갖 만물의 이치를 알 수 있는 지각 능력이 주어져 있고, 마음속에는 거룩한 덕성과 아름다운 감성과 굳건한 의지 그리고 한없는 욕망이 포함되어 있다. 그 마음을 어떻게 쓰느냐 하는 것은 오로지 나의 생각에 달려 있다. 마음이 거기에 있지 아니하면 보아도 보이지 않고, 들어도 들리지 않고, 먹어도 그 맛을 알지 못한다.(『대학』) 만사가 내 마음에 달려 있다. 그 마음의 주인이 바로 내가 아닌가?

3
자기완성과 사회 실현
- 내성외왕(內聖外王) -

    유학은 인간이 걸어가야 할 길을 명료하게 제시한다. 하나는 나 자신을 위한 길이고, 또 하나는 남을 위한 길이다. 이는 유학이 인간을 개인이면서 동시에 사회적 존재라고 보기 때문이다. 즉 인간은 개인적 존재이면서 사회적 존재라는 것을 잊지 않는다. 유학의 전 체계는 이를 벗어나지 않는다. 『대학』은 맨 앞에서 '명덕을 밝히는 것(明明德)'과 '백성을 새롭게 변화시키는 것(新民)'을 말한다. 그리고 이 명덕을 밝히는 것도 지선(至善)에 머물러야 하고, 백성을 새롭게 하는 것도 지선에 머물러야 한다. 지선은 지극한 선으로 개인의 수양이나 사회적 실현이 모두 가장 지극한 경지에 머물러야 한다고 보는 것이다. 여기서 명명덕은 개인적 수기를 말하는 것으로, 인간은 누구나 천부적으로 밝은 덕을 갖고 태어났지만 후천적으로 타락하고 더러워져 다시 새롭게 밝히지 않으면 안 된다는 말이다. 인간은 본래 선하게 태어났지만 육신의 감옥에 갇혀 악의 가능성을 면치 못한다. 따라서 밝은 덕을 다시 밝히기 위한 노력을 게을리 하지 않으면 안 된다. 이것이 수기요 수양이다. 또한 인간은 나와 더불어 살아가는 사람들, 그리고 사회, 국가, 세계에 대해 관심을 갖고 기여해야 한다. 이것이 신민이다. 백성을 새롭게 한다는 말은 개인적으로 명덕을 밝히는 것을 사회적으로 확충한다는 말이다. 명명덕(明明德)의 사회적 실현이 곧 신민(新民)이다. 양명학에서는 이 신민을 친민(親民)으로 해석하기도 한다. 친민은 백성을 친애한다는 말로 사랑과 정으로 백성들의 심성을 변화시킨다는 의미다. 성리학의 신민이 주지적 냄새가 풍긴다면, 양명학의 친민은 사랑과 감정에 의한 백성의 변화를 일컫는 말이다. 신민이나 친민이나 마찬가지로 백성들을 바람직하게 변화시켜야 한다. 다만 방법이 조금 다를 뿐이다.

그런데 『대학』은 이를 좀 더 구체적으로 세분해 설명한다. 이것이 이른바 격물(格物), 치지(致知), 성의(誠意), 정심(正心), 수신(修身), 제가(齊家), 치국(治國), 평천하(平天下)의 논리다. 『대학』은 명명덕을 다시 격물, 치지, 성의, 정심, 수신으로 나누어 설명하였고, 신민을 다시 제가, 치국, 평천하로 나누어 설명하고 있다. 격물치지는 인간 주체가 어떤 대상을 접해 앎을 이루는 것을 말한다. 즉 우리가 무엇을 보고 알고 깨닫는 것을 지각이라 하는데 서양에서 말하는 인식을 말한다. 이 때 인식의 주체는 말할 것도 없이 내 마음이다. 내 마음이 대상 세계와 만나 인식이 성립하고 지각이 이루어지는 것이다. 격물치지란 결국 앎의 과정이요 단계다. 성의정심은 뜻을 참되게 하고 마음을 바르게 한다는 말이다. 격물치지가 지식의 문제라면, 성의정심은 행위의 문제요 실천의 문제다. 인간은 아는 것을 실천해야 한다. 그 실천의 주체가 바로 뜻이요 마음이다. 이에 뜻이 참되어야 하고 마음이 바르게 되어야 선행이 된다. 그러므로 격물치지와 성의정심은 결국 지행(知行)의 문제가 되고, 지행이 합일되고 일치되는 데서 수신이 성립한다. 수신은 진정한 자아의 확립이요 건강한 개체의 정립을 의미한다. 유학은 일차적으로 이러한 개체의 정립, 자아의 확립을 요청한다. 우리가 학문을 하고 사업을 하고 정치를 하는 등 무슨 일을 하든지 간에 가장 중요한 기반은 수신으로 건강한 자아를 만드는 일이다.

그런데 유학은 여기서 머물지 않는 데에 중요한 특징이 있다. 대부분의 다른 종교나 철학들은 설사 사회적 문제에 관심을 가져도 중심은 내면적인 자기 수양에 있다. 불교가 개인의 성불과 불국토의 실현을 아울러 말하지만, 궁극으로 가면 개인 성불에 치중한다는 느낌을 면할 수 없다. 더욱이 한국 불교의 현실에서 보면 더욱더 그래 보인다. 도가의 경우는 더더욱 그렇다. 그것은 도가가 인간을 자연 속에서 보고, 국가나 사회체제를 부정적으로 보기 때문이다. 원시 자연 공동체를 이상으로 삼는 데서 국가적 제도나 법은 인간의 자유를 구속하는 법망이요 굴레이기 때문이다.

유학은 개인의 수기를 근본으로 삼지만, 여기에 머물러서는 진정한 유학이 될 수 없다. 반드시 제가, 치국, 평천하로 나아가야 한다. 가정을 바르게 하고 국가, 사회를 잘 다스리고 세계 인류를 평화롭게 만들어야 한다. 이것은 유학이 인간을 철저하게 사회적 존재로 보는 데서 연유한다. 인간은 누구나 사회에서 태어나 사회에서 살다가 결국 사회로 돌아간다. 유학은 국가를 가정의 연장 선상에서 이해하여 '집가 자(家)'를 쓰고 있다. 그리고 『맹자』에서는 임금을 백성의 부모라고 표현한다. 유학은 제가(齊家)를 매우 중시한다. 가정은 인간이 최초로 만난 사회다. 가정에서 태어나 가정에서 살다가 가정에서 죽는다. 가정은 사회, 국가, 세계의 기초 사회다. 가정은 혈연과 애정으로 결합된 사회다. 유학은 가정 관리를 매우 중요하게 생각해 왔다. 이른바 오륜도 세 가지가 가정의 윤리를 말하고 있다. 부자관계의 부자유친(父子有親), 형제관계의 장유유서(長幼有序), 부부관계의 부부유별(夫婦有別)이 그것이다. 유학은 가정의 건전성이 사회, 국가, 세계를 지탱하는 기반이라고 보아 중시한 것이다. 부모의 부모다움, 자식의 자식다움, 부부의 부부다움, 형제의 형제다움이 곧 가정 질서의 정상화다. 가도(家道)가 바르다는 말은 곧 제가(齊家)를 의미하는 말이다.

유학은 제가에서 다시 치국, 평천하로 나아간다. 치국이란 현대적으로 모든 사회 활동을 일컫는 말이다. 국회의원이 되고 대통령이 되는 것만이 치국이 아니다. 치국은 시민으로서, 국민으로서 권리와 책임을 다하는 것이다. 그리고 자신의 힘과 역량을 사회에, 국가에 바치고 봉사하는 것을 말한다. 우리는 누구나 사회에 태어나 사회에서 살아간다. 이 사회, 이 국가는 나의 생명과 재산, 나의 자유와 행복을 지켜 주는 울타리요 보호막이다. 나는 이 사회, 이 국가로부터 많은 혜택을 받아 왔고 앞으로도 또 신세를 져야 할 것이다. 우리는 이 사회, 국가에 빚을 진 인생이다. 이 빚을 갚아야 한다. 이것이 바로 치국이다. 나라와 사회에 대한 고마움을 알고 책임감을 갖고 기여하는 것이다. 남에 대한 봉사와 배려, 나라에 대한 충성심과 애국심이 곧 치국의 의미다. 또한 우리는 지구촌 인류의 한 사람으로 살아간다. 이에 국제사회의 일원으로서 지켜야 할 책임과 권리를 깊이 인식해야 한다. 보편적 인권을 추구하고 자유와 평등의 가치를 수호하며, 지구촌 인류가 서로 돕고 상생하는 데 기여해야 한다. 이 땅은 나 혼자만이 살다 갈 곳이 아니고, 이 지구촌은 수십억 인류가 함께 살다 갈 우리의 보금자리이기 때문이다.

유학의 모든 경전은 이와 같이 수기와 치인, 내성(內聖)과 외왕(外王)의 구도로 되어 있다. 안으로는 성인과 같은 사람이 되고, 밖으로는 왕도를 실현해야 한다는 말이다. 성인이 되고 군자가 되는 일은 수기의 일이고, 왕도를 실현해 백성을 편안하게 하고 나라를 부강하게 하는 것은 치인의 일이다. 『논어』에서는 수기와 더불어 안민(安民)을 말하고 있고, 『맹자』에서는 정기(正己)와 물정(物正)을 말하고 있다. 정기란 자기 자신을 바르게 한다는 말이고, 물정이란 남을 바르게 하고 백성을 바르게 한다는 말이다. 또한 『중용』에서는 성기(成己)와 성물(成物)을 말하는데, 성기란 나 자신을 완성하는 수기를 말하고, 성물은 남을 완성시키고 백성을 완성시킨다는 치인을 말하는 것이다. 이와 같이 유학의 모든 경전이 수기와 치인, 내성과 외왕의 구도로 되어 있다. 유학은 수기를 근본으로 삼지만 수기에 머물러서는 안 된다고 생각한다. 내가 군자가 되고 성인이 되어 나라와 백성을 위해 봉사하고 헌신해야 된다고 보는 것이다. 이 점에서 같은 동양철학이지만 불교나 도가와 구별된다. 유학은 반드시 제가, 치국, 평천하로 나아가야 하고, 자신의 수양에만 전념하는 것은 반쪽의 유학이다. 유학은 나라와 백성에 대한 근심 걱정을 잊지 않는다. 이를 우환 의식이라 한다. 진정한 유학자는 나라와 백성에 대한 우환 의식을 가져야 하고, 유학의 입장에서는 인간이 가야 할 바른 길이 자기완성과 사회 실현을 겸비하는 것이다.

공자가 자신의 도는 일관한다고 말하자, 그의 제자 증자(曾子)는 선생님의 도는 '충서(忠恕)'라고 대답해 칭찬을 받은 적이 있다.(『논어』, 이인里仁) 이 충서를 공자는 다시 "내가 서고 싶거든 남도 서게 해 주고, 내가 도달하고 싶으면 남도 도달하게 해 주라"(『논어』, 옹야雍也)는 말로 부연 설명하였다. 여기서 충(忠)이란 자기 자신의 본심, 자아를 온전하게 실현하는 일이요, 서(恕)란 남에게 베풀고 미루어 나가는 것을 말한다. 즉 나의 본성, 나의 인(仁)을 나 자신에게 충실한 것이 충이요, 이 충을 남에게, 사회에 확충해 베풀고 실현하는 것이 서다. 즉 충은 자기실현이라면, 서는 사회적 실현이다. 충은 수기의 측면이라면, 서는 치인의 측면이다. 이처럼 유학은 수기와 치인, 나와 남, 개인과 사회를 항상 함께 생각한다. 공자는 또 "내가 하고자 아니하는 바를 남에게 베풀지 말라"(『논어』, 안연顔淵)고 하였다. 내가 원치 않는 것, 내가 싫어하는 것은 남들도 원치 않고 싫어한다. 그러므로 내가 하기 싫은 것은 남에게 강요해서는 안 된다. 바꾸어 말하면 내가 원하는 것은 남도 원한다. 내가 하고 싶어 하는 것은 남도 하고 싶어 한다. 내가 원하는 만큼 남에게도 기회를 주고 배려하라는 말이다. 유학은 이처럼 인(仁)을 실현하는 방법을 하나는 자기 자신에게서 찾고, 다른 하나는 남에게서, 사회적으로 찾고자 했다. 인의 실현도 근본은 자신에게서 먼저 실현되어야 한다. 자기 관리, 자기 수양이 되어 있지 아니하면 남에게 그것을 베풀거나 권면할 수가 없다. 자기 관리가 되어 있지 않은데 남에게 권하면 남들은 그를 비난하고 비웃는다. 내가 남에게 무엇을 바란다면 먼저 자기 자신의 모범이 선행되어야 한다. 또한 자기 관리, 자아실현에서 끝나는 것이 아니라 그 남는 힘을 남을 위해서, 사회를 위해서 써야 하는 것이다. 이것이 유학의 진정한 정신이요 이념이다. 대인은 자기를 바르게 하고 남도 바르게 한다.(『맹자』 진심 상盡心 上) 성(誠)은 나를 완성시키는 것일 뿐만 아니라 남까지도 완성시키는 것이다.(『중용』) 여기서도 참을 중심으로 나와 남을 유기적으로 설명하고 있다. 즉 참을 통해 나를 완성시키고 남을 완성시킨다는 말이다. 유학이 자기 관리를 근본으로 삼지만, 거기에 머물지 않고 가정, 사회, 국가, 세계에로 나아가 궁극적으로는 평천하를 지향하는 것은 유학의 중요한 특징이다. 이런 관점에서 유학은 조선 시대 불교의 출가를 극력 비판했다. 부모 자식을 버리고 일가친척을 버리고 오로지 산 속에 들어가 진리를 깨닫고 실천하는 구도의 길을 유학의 입장에서는 이기적인 것으로 보았다. 수도에 방해가 되는 부모 자식, 가정, 돈과 명예, 그리고 세속의 모든 것들을 무의미하게 보는 데 대해 비판적이었다. 나와 사회, 나와 전체, 나와 공동체를 분리하지 않고 유기적으로 생각하는 데서 유학은 수기와 치인의 책임과 사명을 망각할 수 없었던 것이다. 오늘날 현대인들은 개인주의적 색채가 매우 짙다. 나의 이익, 나의 건강, 나의 행복이 중요하다. 사회적 정의, 나라의 안보, 지구촌의 평화는 안중에 없다. 이런 상황에서 유학은 매우 어려운 처지에 있고 외롭기만 하다. 사회적 문제, 국가적 이슈, 세계적 위기에 대해 눈을 감는다. 오로지 백세까지 살 건강 비법이 중요하고, 내 남편, 내 자식의 성공과 출세가 중요하다. 저 속리산을 넘어서 세속의 잡다한 번뇌를 떨어버리고 오직 고요한 마음의 극락을 소망한다. 그러면 이 세속은 누가 지키나? 더럽다고 시끄럽다고 스트레스 받는다고 모두 떠나 버리면 이 세속은 누가 지키나? 정치도 해야 하고 교육도 해야 하고 농사도 지어야 하고 물건도 생산해야 하고 나라도 지켜야 할 텐데, 텅 빈 이 세상은 어찌해야 하는가? 유학은 이 세상을 결코 버릴 수 없고, 세속을 결코 외면할 수 없다. 세속의 중심에 서서 세속을 바로 잡고 세속을 깨끗하게 해야 한다. 비록 힘들고 고달파도 이 길을 버릴 수 없고 포기할 수 없다. '임중도원(任重道遠)', 책임은 무겁고 갈 길은 멀다.(『논어』, 위령공衛靈公) 이것이 우환 의식이다. 유학은 나라를 걱정하고 사회를 걱정하고 백성을 걱정한다. 국가 안위를 걱정하고 민생을 걱정한다. 정치를 걱정하고 교육을 걱정한다. 비록 피곤하고 힘들어도 이 길을 버릴 수 없다. 이것이 유학의 길이다.

4

아는 것과 행하는 것의 일치

-지행일치(知行一致)-

유학은 인간에게 무엇을 가르치는가? 아는 것을 곧 행하라고 말한다. 이는 유학만의 가르침은 아니고 많은 종교의 교설들이기도 하다. 그러나 특히 유학은 이 점에서 강조하는 바 크다. 학문이나 교육은 인간을 바르게, 바람직하게 변화시키는 과정이다. 대체로 서구적 학문의 개념은 논리적 지식 체계를 뜻한다. 즉 지식과 기술을 습득하는 일체의 학습활동이 모두 학문의 영역에 속한다. 따라서 서구적인 학문의 개념은 비교적 주지적 성격이 강하다.

이에 대해 유학에서의 학문 개념은 자의적(字義的)으로 보아도 배우고 묻는 교육 활동이며, 앞서 알고 깨달은 사람으로부터 경험과 지식을 본받는 것을 의미한다. 그러므로 인간의 능력을 계발하고 인간의 바람직한 변화를 추구하는 활동을 학문이라 할 수 있다.

유학에 있어서 학문의 개념은 전인적 의미를 갖는다. 지성을 연마하고 덕성을 함양하고 감성을 조화롭게 하며, 욕망을 알맞게 하여 온전한 인격으로서의 인간을 만드는 데 있다. 이러한 의미의 학문이란 다름 아닌 교육이기도 하다. 이런 측면에서 유학에서의 학문이나 교육은 같은 의미로 사용되어도 좋다. 유학은 도를 아는 것과 행하는 것을 강조한다. 도란 우주 자연의 진리, 사물의 이치, 인간의 존재론적 원리를 말한다. 이 세상에 존재하는 것들에 대한 근원적 탐구라 할 수 있다. 다른 한편으로는 인간이 인간답게 살아가야 할 도리로서의 윤리를 도라고도 한다. 도가 철학은 자연의 도를 말하지만 유학은 인간의 도를 주로 말한다. 인간은 어떻게 살아야 하는가 하는 문제가 된다. 이 도를 알고 깨닫는 것이 학문이고 교육이다. 유학은 한 걸음 더 나아가 이 도를 실천하고 행하는 것이 진정한 학문이요 교육이라고 생각한다. 군자의 길은 다름 아닌 도를 알고 실천하는 데 있다. 이 도는 곧 인(仁)을 의미하기도 한다. 『논어』에서는 온통 인을 설명하는데 인은 인간의 본질이면서 동시에 인간이 가야 할 길이다. 인심이 인이요 인도가 곧 인이다. 유학은 개인적으로도 인의 실현에 있고, 사회적, 정치적으로도 인의 실현에 목적이 있다. 그러므로 유학은 인을 알고 실천하는 것이 무엇보다 중요하다.

공자는 "배우는 학생들은 가정에서는 어버이에게 효도하고, 밖에 나아가서는 어른과 선배들을 공경할 줄 알고 믿음이 있으며, 널리 대중을 사랑하되 어진 사람을 친애할 줄 알아야 한다. 이러한 것을 행하고도 남는 힘이 있으면 곧 글을 배워야 한다"(『논어』, 학이

學而)고 하였다. 여기서 공자는 우리가 먼저 배우고 힘써야 할 바가 지식이 아니라 일상생활에서의 윤리와 남에 대한 배려를 실천하는 것이라고 보았다. 오히려 글을 배우는 것은 그 이후의 일이다.

유학의 경전에서는 곳곳에서 아는 것과 행하는 것이 겸비되어야 함을 한결같이 강조하고 있다. 공자는 널리 배울 것(博文)과 예로써 단속할 것(約禮)을 말하고 있는데,(『논어』, 옹야雍也) 박문은 지식의 문제라면 약례는 실천의 문제다. 박문은 널리 글을 배워 지성을 갖추는 일이라면, 약례는 예로써 자신의 몸과 행동을 단속하는 일이다. 또『중용』에서는 덕성을 높일 것(尊德性)과 학문을 익히고 좇을 것(道問學)을 아울러 말하는데, 존덕성은 실천의 문제라면 도문학은 지식의 문제라고 볼 수 있다. 또『중용』에서는 학문의 방법으로 넓게 배우고(博學) 자세히 묻고(審問) 신중히 생각하고(愼思) 밝게 변별하고(明辨) 독실하게 행할 것(篤行)을 말하는데, 앞의 네 가지는 지식의 문제라면, 독행(篤行)은 행동의 문제요 실천의 문제라고 할 수 있다. 박학, 심문은 타인의 가르침에 의해 지식을 획득하는 것이고, 신사와 명변은 자기 내심의 사변에 의해 지식이나 지혜를 획득하는 것이다.

또『대학』에서도 격물치지(格物致知)의 지식 공부와 성의정심(誠意正心)의 실천 공부를 아울러 말하고 있다. 이것은 성리학에서 격물치지는 궁리(窮理)로, 성의정심은 거경(居敬)으로 대체되어 학문과 공부의 중요한 요령으로 강조되어 왔다. 유학에서의 학문의 길, 교육이란 먼저 진리를 탐구해 아는 것이고, 그리고 그 아는 바를 실천하는 데 있다.

　인간에게 있어 아는 것(知)과 실천하는 것(行)은 양 수레바퀴와 같다. 알기만 해도 부족하고 행하기만 해도 위험하다. 알고 실천하는 데서 우리의 인격이 완성되고 자아가 온전하게 실현된다. 그런데 아는 것과 행하는 것을 아울러 겸비하는 일은 그리 쉬운 일이 아니다. 오늘날 현대사회가 겪는 지식의 오만이나 주지주의의 병폐는 이를 잘 말해 준다. 지식은 하나의 도구일 뿐이다. 인간에게 주어진 하나의 무기요 힘이다. 그런데 도덕적 가치를 망각한 지식은 하나의 흉기일 뿐이다. 여기서 지식과 도덕의 겸전이 요청된다. 많이 알고 유능해도 도덕적으로 사용하지 않으면 자신에게도 해가 되고 사회적으로도 해악을 가져온다. 우리가 지식인과 지성인을 구별하는 이유가 여기에 있다. 많이 아는 것과 바르게 사는 것은 별개 문제다.

　그러나 유학의 입장에서는 지식을 쌓을수록 도덕적 책무도 더욱 무거워진다고 보는 것이다. 이것이 바로 한말의 유학자 매천 황현(梅泉 黃玹)이 절명시에서 '아는 사람 노릇하기 힘들다'는 말을 남기고 죽은 이유다.

　우리는 조선의 역사 속에서도 똑똑한 지식인의 일그러진 삶을 보아 왔고, 또 지금도 우리는 주변에서 그러한 예를 많이 보고 있다. 인간이 본래 아는 것을 그대로 실천해 산다는 것은 결코 쉬운 일은 아니다. 욕망과 감성의 굴레를 벗어나는 용기가 필요하고, 또 강인한 의지가 필요하다. 그리고 이러한 지행합일, 지행일치의 실천은 하루아침에 이루어지는 것은 아니다. 어린 시절부터 깨닫고 느끼고 반성하면서 습관화되어야 한다. 우리가 흔히 말하는 위인이나 존경스런 인물들은 갑자기 등장하지 않는다. 오랜 세월 축적된 지행일치의 노력의 산물이요, 부단한 자아의 성숙 과정을 통해 얻어진다. 유학이 왜 아는 것과 행하는 것의 겸비, 지행의 일치, 지행의 합일을 중시했는가를 성찰해 보아야 한다. 알기만 하고 행하지 아니하면 미숙한 채로 남는다. 실천을 통해 그 앎은 열매를 맺고 아름답게 실현된다. 또 알지 못한 채 실천만 한다면 이것은 무슨 짓을 할지 모르는 모험이요 위험이다. 알면 행하고 또 알면서 행하는 습관이 필요하다. 주자도 말하기를, "지행은 항상 서로 필요로 하여 마치 눈이 없으면 발이 나가지 못하고, 발이 없으면 눈이 보지 못하는 것과 같다. 선후를 논하면 지(知)가 먼저요, 경중을 논하면 행(行)이 무겁다"(『성리대전』, 권48)고 하였다. 지행의 관계는 새의 두 날개와 같고 사람의 눈과 발과 같다는 것이다. 지와 행은 항상 서로 의존해 있고 서로 필요로 한다. 마치 눈이 없으면 발이 나아갈 방향을 잃게 되고, 또 발이 없으면 한 발짝도 나아갈 수 없는 것이다. 주자는 지와 행의 관계를 상보적 관계로 인식하고 어느 하나도 결여되어서는 안 된다고 보았다. 그리고 선후를 논하면 먼저 아는 것이 중요하지만, 가치의 중요성을 말한다면 실천이 더 중요하다고 하였다. 그런데 우리의 일상 현실에서는 지로부터 행으로 가는 경우도 있고, 또 행(行)으로부터 지(知)로 가는 경우도 있는 것이다.

이제 중요한 것은 유학이 주지주의를 거부한다는 사실이다. 극단적으로 말하면 행하고 남는 힘이 있으면 글을 배우라는 것이다. 오늘날 현대사회가 지식의 가면 속에 갇혀 있고, 학벌주의, 위선적 지성 사회의 병폐 속에 신음하고 있다. 행하는 것을 포기한 채 아는 것에만 매달려 있는 엄마들의 교육 현장에서 이 나라의 장래가 걱정된다. "너는 공부만 잘 해라. 모든 것을 엄마가 해 준다"는 오늘의 가정교육 현장에서 우리 교육은 시들어 가고 있다. 아는 것의 과잉 시대, 이것이 이 시대의 특징이고 지향인지도 모른다. 행하는 것이 결핍된 이 시대의 문제를 알고 깨닫는 지혜와 용기가 필요하다. 유학이 추구하는 바람직한 인간상 군자란 바로 아는 것과 행하는 것이 일치된 사람이다. 유학이 추구하는 학문과 교육 또한 지행의 일치와 지행의 합일을 요청한다. 현대사회가 안고 있는 주지주의의 불구를 시정하고 지행이 균형 잡힌 온전한 인간의 창조에 매진해야 할 것이다.

5
최선을 다해 인문 세계를
창조하다

유학은 인간의 노력을 통해 인문 세계를 창조하는 데 목적이 있다. 유학은 인간을 위대한 존재로 본다. 인간은 탁월한 지성의 소유자이며 거룩한 덕성의 담지자이다. 또한 인간은 다양한 감성의 소유자이며 의지와 욕망을 지닌 존재다. 이러한 인간의 다양한 능력이야말로 다른 동식물들이 가질 수 없는 것이고, 인간이 다른 동식물들과 차별화될 수 있는 까닭이다.

물론 이러한 인문주의의 전통은 자연의 파괴라든지, 다른 동식물들에 대한 상대적 경시로 인해 문제점을 유발할 수도 있다. 특히 환경 운동가들이나 생태 운동가들의 입장에서는 인간의 욕심이나 지적 욕구가 환경을 파괴하고 지구촌의 위기를 초래한다고 볼 수도 있다. 그래서 그들은 최소한의 개발을 원하고, 개발을 하더라도 친환경적 개발을 요청하게 되는 것이다. 아울러 도가를 비롯한 자연주의 입장에서는 인간의 욕망이 자연을 훼손하는 주범이고, 인간의 과학기술이 발달할수록 자연은 더욱 더 황폐화된다고 보는 것이다. 이러한 논란과 우려가 전혀 근거 없는 것은 아니다. 그렇지만 분명한 것은 그것이 두렵다고 인간의 노력을 멈출 수는 없다는 사실이다. 인문주의의 부작용이 무서워서 원시로 뒤돌릴 수는 없는 것이고, 과학기술의 폐해가 두려워 눈감고 살 수는 없는 것이다. 물론 현대 인류의 첨단 과학기술이나 고도의 인문학적 성과는 그것으로 인해 생길 수 있는 부작용과 폐해에 대해 심각히 고민해야 할 것이다. 그리고 우리만 살다 갈 지구촌이 아니라 먼 훗날 우리의 후손들이 살아가야 할 지구촌의 미래에 대해 책임 있는 행동을 해야 할 것이다.

유학은 기본적으로 인간이 가진 다양한 능력을 최대한 발휘해야 한다고 생각한다. 인류 역사가 걸어온 발자취가 곧 인문 세계의 창조 역사다. 인간의 지성은 과학기술을 개발하여 인간의 편리와 함께 물질적 풍요를 가져오는 데 크게 기여했다. 또 이 지성은 우주 자연과 인간에 얽힌 수수께끼들을 푸는 데 크게 기여하였다. 그리고 끝없는 창조를 통해 인류의 삶에 혁신을 가져오고 미래에 예측할 수 없는 청사진을 가능하게 하고 있다. 이제 인간의 지성은 신이 인간을 만든 비밀을 풀게 되었고, 우주 만물의 신비를 해결하는 데 앞장서고 있다. 인간의 감성과 욕망은 인간에게 무한한 가능성을 주고 다양한 문화의 창조와 멋진 인생을 약속해 준다. 특히 욕망은 인간의 지성과 함께 인류 세계의 발전에 획기적 역할을 하고 있다.

욕망을 어떻게 보느냐 하는 것은 모든 종교와 철학의 중요한 관심사다. 적어도 유학은 인간의 욕망을 긍정적으로 보아 부정하지 않는다. 물론 욕망은 과도하면 악의 원인이 되어 비난의 대상이 되기도 한다. 대부분의 종교들은 이 욕망을 부정적으로 보아 욕망을 끊어라, 욕망을 금하라, 욕망을 없도록 하라고 강조한다. 이른 바 금욕을 주장하게 된다. 욕망을 끊으라는 말은 사실 인간의 본성의 일부를 보류하라는 말과도 같다. 유학은 이 점에서 확연히 구분된다. 맹자는 인간의 순수 욕구를 긍정하였고, 성리학에서도 욕망 그 자체를 악으로 보지 않는다. 그러므로 주자나 율곡은 인심(人心)을 인욕(人欲)과 구별하여 말하게 되는 것이다. 인심이란 신체적 욕구에서 생긴 마음으로 배고프면 먹고 싶고 피곤하면 쉬고 싶고, 남녀가 이성을 그리워하는 마음이다. 이런 마음은 공자나 예수 같은 성인도 면할 수 없는 것이다. 인욕은 인심에서 더 나아가 배부름을 탐욕 하고 이성을 탐욕하는 것이다. 인심은 악하지 않지만 인욕은 악한 것으로 해서는 안 된다. 유학은 인간의 욕구를 알맞게 절제하기를 요청한다. 이 절제는 시간과 공간 그리고 대상에 알맞은 중용의 덕을 말한다.

욕망의 단절이나 욕망의 거부는 인간에게 삶의 의욕을 부정하는 것에 지나지 않는다. 유학은 인간이 가지고 있는 능력을 최대한 발휘하여 인문 세계를 창조하는 것이 미덕이고 훌륭한 일이라고 생각한다. 도가적 시각에서 보면 인간이 지성을 동원하여 무엇을 만들고 고치고 하는 인문 작업은 부질없는 것이라 폄하할 것이다. 또 불교 입장에서도 인간이 욕망을 갖고 무엇을 만들고 고치고 창조하는 작업이야 말로 부질없는 것이고, 이 욕망 때문에 인간이 불행해지고 고통이 생긴다고 말할 것이다.

유학의 입장에서는 그렇게 말하지 않는다. 이 세상은 인간의 세상이고, 인간은 자신의 역량을 최대한 발휘하는 것이 미덕이다. 오히려 능력이 있으면서도 게으르거나 발휘하지 않는 것은 인간으로서의 직무 유기요 태만이다. 물론 이 과정에서 인간의 인문 세계 창조가 자연을 파괴한다거나 자연에 반하는 것을 의미하지 않는다는 점이다. 앞에서도 설명했듯이 유학은 이 세상이 인간을 위한 세상이요 인간이 그 중심이라고 보지만, 자연을 훼손한 채 인간만의 길을 간다거나 자연을 이기고 인간이 이겨야 한다는 것은 결코 아니다. 인간이 창조하는 그 인문 세계도 자연과 조화롭고 자연에 반하지 않는다는 데 특징이 있다. 자연과 대립하거나 자연을 파괴하는 것이 아니라 자연과 더불어 상생하면서 인문 세계의 길을 가고자 하는 것이다. 『중용』의 이른바 "만물이 함께 길러지지만 서로 해치지 않고, 도가 함께 운행되지만 서로 어긋나지 않는다"는 말이 이것이다. 만물이 저마다의 생존을 도모하고 저마다 자기다움을 실현하지만 서로 해치지 않고 서로 어긋나지 않는다는 것이다. 즉 자존과 공존이 자연스럽게 굴러가는 대자연의 질서인 것이다. 신에 의해 인간이 소외되어도 안 되고, 자연에 매몰되어 인간이 무시되어도 안 된다는 입장이다. 자연과 더불어 살아가되 인간의 능력이 맘껏 발휘되어, 인간과 자연이 함께 행복한 세상을 만들자는 것이 유학의 길이다.

특히 신에 매몰되어 인간의 노력을 게을리하는 것도 경계한다. 모든 것을 신에게 맡겨 놓고 인간은 아무것도 할 수 없다고 자포자기하는 것은 유학의 정신에 반하는 것이다. 또 자연 앞에 인간의 무력과 한계를 의식하고 인간의 노력과 역할을 포기하는 것도 유학의 정신에 어긋나는 것이다. 제갈량의 말처럼 '진인사 대천명(盡人事待天命)'의 길을 가는 것이다. 사람으로서 할 수 있는 최선을 다 하고 그리고 천명을 기다리는 것이다. 인간이 해야 할 일은 스스로 최선을 다하는 것뿐이다. 하늘이, 신이 주는 축복과 벌은 내 영역이 아니다. 맹자는 "법도를 행하고 천명을 기다리라"(『맹자』, 진심 하 盡心 下)하였는데, 이 또한 마찬가지 의미다. 인간이 해야 할 일은 인간이 지켜야 할 법도, 도리를 다 하는 것이다. 그리고 그 다음 운명을 기다려야 하는 것이다. 여기서 인간의 책임과 역할은 분명해진다. 인간 스스로 자신의 능력에 최선을 다하는 것이다. 『중용』에서는 "남이 한 번을 해서 할 수 있으면 나는 백 번을 해서 하고, 남이 열 번을 해서 할 수 있으면 나는 천 번을 해서 해야 한다"고 하였다. 인간이 하늘로부터 부여받은 능력을 맘껏 발휘하는 것, 그것을 미덕으로 보는 것이 유학의 입장이다. 인간의 능력으로 이룩한 문화와 문명은 자연을 돕고 자연을 음미하고 자연을 예찬할 것이다. 그리고 인간 세상을 행복하고 편리하게 할 것이다.

6부

인간을 위한 세상
— 대동(大同), 왕도(王道)의 실현

유학은 성인에 의한 왕도의 실현을 항상 이상으로 삼는다. 인의 큰 실현, 사랑의

위대한 실현은 결국 정치를 통해 실현된다. 『예기』에서는 유학의 유토피아인

대동(大同)의 세계를 말하고 있다. 대동의 세계란 큰 도가 실현되어지는 세상이다.

큰 도는 유학의 사랑이, 인(仁)이 온 세상에 펼쳐지는 세상이다. 그래서 네 것, 내

것이 없고, 내 나라, 네 나라가 없는 세상이다. 부자도 없고 가난뱅이도 없다.

천하가 공공의 것이 되어 어느 누구도 소외되지 않는다. 이런 세상이 대동

세상이다.

1
사랑이 가득한 세상
- 인(仁)의 사회 -

유학은 어진 사람(仁人)이 되기를 희구하고, 인(仁)이 사회, 국가, 세계에 충만하기를 바란다. 사람 사람마다 어진 사람이 되기를 갈구한다. 물론 유학에서 인이란 개념은 여러 가지 다의적인 의미를 갖는다. 인은 유학의 진리적 개념으로 도(道), 천(天), 리(理)와 더불어 소통되는 개념이기도 하다.

인(仁)은 사람다움으로(『맹자』, 진심 하盡心 下) 인간의 본질, 사람의 본성, 사람의 본심으로 이해된다. 이 인을 내 몸에 체득한 것이 곧 덕이다. 『대학』에서는 이 덕을 밝은 덕이라 하여 명명덕(明明德)을 말한다. 인간은 본래 밝은 덕의 소유자이지만 세상을 살면서 점차 때가 묻고 더러워져 다시 밝게 하지 않으면 안 된다. 유학이 인(仁)의 인간, 인의 사회, 인의 국가, 인의 세계를 말하는 것은 인간의 밝은 본성, 밝은 마음이 자신에게, 사회에, 국가에, 인류 세계에 펼쳐지기를 희구하는 것이다. 이 인을 온전하게 체득한 사람이야 말로 큰 덕을 지닌 자라 할 수 있다. 『중용』에서는 "큰 덕은 반드시 그 지위를 얻으며, 반드시 그 녹을 얻으며, 반드시 그 이름을 얻으며, 반드시 그 수를 얻느니라" 하였다. 큰 덕은 곧 인(仁)인데 인을 지닌 자는 지위를 얻고 돈을 얻고 명예를 얻고 많은 사람들의 존경과 신뢰를 얻는다는 것이다.

그런가 하면 인은 사회적 개념으로 나와 너의 질서, 나와 네가 소통되는 다리로 사용되기도 한다. 부모와 자식과의 관계에서 보면 부모는 자식에게 사랑을 해야 하고, 자식은 어버이에게 효도를 해야 한다. 이 때 부모의 사랑과 자식의 효가 곧 인이다. 인을 통해 부모와 자녀가 소통되고 인을 통해 부모와 자녀의 정상적인 질서가 회복되는 것이다. 또한 인은 인간의 본질, 인간성으로 이해되기도 한다. 사람이 사람일 수 있는 까닭이 인이고 인간의 본심이 곧 인이다. 이 때 인의 개념은 전인적 의미를 갖는다. 그리고 인은 타인에 대한 배려, 남을 사랑하는 것으로 해석되기도 한다. 이것은 앞에서 말한 사회적 관계에서 인을 해석한 예와 같은 말이기도 하다. 남에 대한 사랑은 곧 남에 대한 배려요 이해다. 여기서는 인을 사랑의 개념, 나와 너를 이어 주는 사회적 개념으로 이해하여 설명해 보기로 한다.

유학은 이 세상을 사회적 관계로 이해한다. 이미 '사람 인(人) 자' 속에 그 의미가 잘 드러나 있다. 두 사람이 서로 기대어 있는 모습이 사람 인(人)자다. 네가 아니면 내가 쓰러지고 내가 아니면 네가 쓰러진다. 너는 나의 존재 근거가 되고, 나는 또 너의 존재 근거가 된다. 나와 너는 의존해 있다. 불교는 이미 연기설로 이 세계를 이렇게 설명한다. 이것이 있기 때문에 저것이 있고, 저것이 있기 때문에 이것이 있다고 한다. 이것과 저것이 유기적으로 관계해 있다. 너 없는 나, 나 없는 너는 홀로다. 불완전하다. 나는 너를 통해 보완되고 온전해진다. 『논어』, 『맹자』, 『중용』에서는 '사람 인(人)자'와 '어질 인(仁)자'를 하나로 통용해 본다. 조선 후기 실학자 다산 정약용(茶山 丁若鏞)은 인(仁)을 사회적 시각에서 해석하였다. 임금이 신하에게 해야 할 도리인 예(禮)와 신하가 임금에게 해야 할 도리인 충(忠)이 모두 인이라 하였다. 또 부모가 자식에게 해야 할 도리인 사랑과 자식이 부모에게 해야 할 도리인 효가 모두 인이라 설명하였다. (『여유당전서』, 『논어』, 고금주古今注) 친구 간의 믿음, 선배가 후배를 사랑하고 후배가 선배를 공경하는 것이 모두 인이라 하였다. 우리는 이 세상에 태어나 수많은 인간관계 속에서 살아간다. 그 때 나와 너의 질서, 나와 너 사이에 지켜야 할 윤리가 바로 인이다. 인은 나와 너를 정상적으로 이어 주는 끈이요 매개다. 이 인이 없으면 인간관계가 단절되고 사회적 연결이 어렵게 된다. 이 인을 통해 우리는 서로 웃을 수 있고 믿을 수 있고 행복해진다.

유학은 먼저 인간 자신에 대한 사랑을 말한다. 이는 인간 주체가 인간 존엄에 대한 확신을 가져야 한다는 말이다. 『맹자』에서는 "사람은 반드시 자기를 업신여긴 후에 남이 업신여기며, 가정도 반드시 스스로 훼손한 후에 남이 훼손하며, 나라도 반드시 스스로 친

후에 남이 정벌한다"(『맹자』, 이루 상離婁 上)고 하였다. 내가 인간으로 태어난 것에 대한 자긍심, 인간이라는 존엄에 대해 스스로 확인되어야 한다. 자살 현상은 사회적 문제로 우리를 슬프게 한다. 오죽했으면 스스로 죽음의 길을 택했겠느냐고 우리는 너그럽게 이해해 보기도 한다. 또 한편으로는 죽을 만큼 용기를 갖고 살았으면 어떠할까를 생각해 보기도 한다. 그러나 내 생명에 대한 존엄성을 깊이 성찰한다면 죽을 수 없는 것이다. 나는 이 세상에 어렵게 태어난 존재일 뿐 아니라 언젠가는 꼭 죽어야 한다는 사실이다. 단 한 번밖에 못산다. 그리고 나는 이 세상에 단 하나뿐인 존재다. 나는 과거에도 없고 지금도 없고 미래에도 없는 유일무이한 존재다. 유학의 인은 자아에 대한 확인으로부터 시작된다. 하늘로부터 부여받은 인성의 고귀함, 생명의 존엄성을 인정하고 그에 대한 스스로의 경외심을 갖는 것이 중요하다. 또한 인은 가장 가까운 가정에서 실현되어야 한다. 나와 부모의 관계에서 인은 효(孝)와 자(慈)로 나타난다. 부모는 자식을 사랑하고 자식은 부모에게 효성을 바쳐야 한다. 이 효의 윤리와 자의 윤리가 부자간의 윤리로서 인이다. 부모와 자식 간의 관계가 혈연이라 하지만, 이 또한 노력하지 않으면 안 된다. 부모가 자식을 죽이고 자식이 부모를 죽이는 현상이 일어나는 것은 이 때문이다. 『맹자』에서는 인간이 지켜야 할 윤리로서 부자유친(父子有親)을 말하는데, 부모와 자식 간의 친(親)이란 부모의 자식에 대한 사랑과 자식의 어버이에 대한 사랑이 하나가 되어 간극이 없는 관계다. 부자유친의 관계가 되면 부모의 기쁨이 자식의 기쁨이 되고, 부모의 아픔이 곧 자식의 아픔이 되는 것이다. 이해를 따지지 않고 부모와 자식이 하나가 되는 경지가 부자간의 인이다. 또한 부부간의 인을 말할 수 있다. 오륜에서는 부부유별(夫婦有別)이라 했는데 남편과 아내의 질서와 도리를 인이라 할 수 있다. 부부가 서로 존경하고 신뢰하고 사랑하는 관계가 되면 그것이 곧 인이다. 부부의 진정한 사랑은 역시 나와 너를 따지지 않고 이해를 초월할 수 있다. 오늘날 헤어질 것을 미리 가상하고 재산을 나누고 분별하는 현상은 이 시대의 어두운 단면을 그대로 보여 주는 예다. 또한 가정의 질서는 어른과 아이, 형과 동생의 관계로 나타난다. 오륜에서는 이러한 선배와 후배의 관계를 장유유서(長幼有序)라고 말한다. 이것은 가정 윤리이면서 동시에 사회윤리이기도 하다. 선배와 후배, 형과 아우에서의 인은 형의 동생에 대한 사랑과 아우의 형에 대한 공경으로 나타난다. 이렇게 형과 아우가 저마다 자기의 도리를 다 할 때 이해를 떠난 사랑의 관계가 가능하다.

인은 가정을 넘어서서 사회적으로 확충된다. 선배와 후배, 어른과 아이의 관계에서 인은 실현되어야 한다. 선배의 후배에 대한 사랑, 후배의 선배에 대한 공경이 인이다. 또 젊은이의 어른에 대한 공경과 어른의 젊은이에 대한 사랑이 인이다. 이 인을 통해 선배와 후배, 어른과 젊은이가 하나가 되고 소통되는 것이다. 또한 나의 부모에 대한 사랑은 조상에 대한 사랑으로 이어진다. 즉 조상숭배라고 할 수 있다. 우리는 살아서는 나의 부모에게 효성을 다하지만, 부모가 죽고 또 조부모, 증조부모, 고조부모가 되면 제사를 통해 조상에 대한 사랑을 표현한다. 이 조상에 대한 숭배가 또 이어지고 이어지면 궁극에 가서는 조물주, 하느님에 대한 공경으로 나타나 경천(敬天)이 되는 것이다. 효에서 조상숭배로 그리고 경천으로 이어지는 이것이 인의 수직적 질서다. 또 옆으로는 집안에서는 부부간, 형제간의 우애로 시작되어 밖으로 나아가서는 타인에 대한 사랑으로 이어진다. 부모에 대한 사랑이 밖에서 경로(敬老)가 되고 형에 대한 사랑이 선배에 대한 공경이 된다. 또 내 자녀를 사랑하는 마음으로 남의 자녀까지 사랑하게 되는 것이다. 또 사물에 대한 사랑, 일에 대한 사랑, 신에 대한 사랑, 자연에 대한 사랑 등 나와 관계있는 모든 것에 대한 사랑으로 확대된다. 유학의 인(仁) 즉 사랑과 배려란 이처럼 나를 중심으로 아래에서 위로, 위에서 아래로 그리고 옆에서 옆으로, 가까운 데서 먼 데로 확충해 나아가는 것이다. 이러한 유학의 사랑을 차별적인 사랑이라 한다. 유학은 차별애를 특징으로 한다. 남의 부모보다 내 부모를 더 사랑하고, 남의 자식보다 내 자식을 더 사랑하는 것이 정상이다. 그러나 유학의 사랑은 거기서 머물지 않고 확충되는 데 특징이 있다. 즉 내 부모를 사랑하는 그 마음을 미루어 남의 부모에까지 사랑하고, 내 자식을 사랑하는 마음을 미루어서 남의 자식까지 미쳐야 한다고 말한다.(『맹자』, 양혜왕 상梁惠王 上) 이를 충서(忠恕), 혈구지도(絜矩之道), 추은(推恩) 등으로 표현한다. 공자는 '충서'를 "내가 하고자 아니하는 바를 남에게 베풀지 말라"(『논어』, 안연顏淵)고 설명하였다. 내가 원치 않는 것을 남에게 강요하지 말라는 뜻이다. 그는 또 "내가 서고 싶거든 남도 서게 해 주고, 내가 도달하고 싶거든 남도 도달하게 해 주라"(『논어』, 옹야雍也)고 설명하였다. 내가 무엇을 하고 싶으면 남도 그렇게 되도록 도와주라는 말이다. 전자는 부정적인 표현이고 후자는 긍정적 표현이다. 중요한 것은 나만이 아니라 남을 함께 배려하는 것이다. 이것이 인이고 사랑이다. '혈구지도'란 『대학』에서 말하는 사랑의 도리로서, 나의 입장과 처지를 헤아려 남을 이해하고 사랑하는 것을 의미한다. '추은'이란 맹자가 은혜를 남에게 미룬다는 뜻으로, 사랑의 확충을 이렇게 표현한 것이다.(『맹자』, 양혜왕 상梁惠王 上) 유학의 사랑의 논리는 차별애를 전제로 보편애로 확장해 가는 데 특징이 있다. 묵자(墨子)는 남의 부모보다 내 부모를 더 사랑하고, 남의 자식보다 내 자식을 더 사랑하는 이기적인 사랑에서 갈등과 미움, 분열과 싸움이 일어나게 된다고 진단하였다. 우리 동네의 이익과 남의 동네의 이익을 구별하는 데서 싸움이 생기고, 남의 나라보다 내 나라를 더 아끼고 사랑하는 데서 전쟁이 생기게 된다고 비판하였다. 이러한 대립과 싸움을 종식시키기 위해서 차별하지 않는 사랑, 구별하지 않는 사랑으로서의 겸애(兼愛)를 주장하였다.

그렇지만 이러한 묵자의 생각은 진실하지 못하다는 것이 맹자의 생각이다. 맹자는 사람으로 내 부모를 남의 부모보다 더 사랑하는 것은 인간의 당연한 진정이며, 남의 자식보다 내 자식을 더 사랑하는 것이 인간의 지극히 당연한 마음이라고 한다. 공자나 맹자는 여기서 멈추지 않고 내 부모를 사랑하는 효심을 남의 부모에게까지 미루어 나가야 한다고 말한다. 내 자식을 사랑하는 마음을 미루어 남의 자식까지도 사랑할 줄 알아야 한다. 집안에서 어른을 공경했던 마음을 미루어 밖에 나와서도 남의 집 어른을 공경해야 한다고 말하는 것이다.(맹자, 양혜왕 상梁惠王 上) 이것이 유학의 사랑의 질서요 도리다. 즉 차별애를 통한 보편애의 실현이다. 시작은 차별적인 인으로 출발하지만, 그 인을 점차 남에게 펼쳐 나가는 것이다.

맹자는 "임금이 인정(仁政)을 행하면 이 백성들이 그 윗사람과 친애하고, 윗사람을 위해 죽을 것이다"(『맹자』, 양혜왕 하梁惠王 下)라고 하였다. 임금이 인(仁)으로써 정치를 행하면 백성들은 임금과 친애하고 또 임금을 위해 목숨을 바칠 수 있다는 것이다. 그는 또 "삼대(三代)가 천하를 얻은 것은 인(仁) 때문이고, 천하를 잃은 것도 불인(不仁) 때문이다. 경대부(卿大夫)가 인하지 못하면 종묘를 보존할 수 없고, 사서인(士庶人)이 인하지 못하면 사체(四體)를 보존 할 수 없다"(『맹자』, 이루 상離婁 上)고 하였다. 이와 같이 인은 천하를 얻을 수 있는 것이면서 잃을 수 있는 조건이다. 또 임금으로부터 경대부, 일반 백성들까지 이 인이 아니면 나라를 보존할 수 없고 종묘를 보존할 수 없고 자기 몸을 보존할 수 없다고 하였다. 그러므로 "임금이 인하면 백성들이 인하지 않을 수 없고, 임금이 의로우면 백성들이 의롭지 않을 수 없다"(『맹자』, 이루 하離婁 下)고 하였다. 이 인(仁)의 실현도 먼저 치자의 모범이 중요하다고 보았다.

유학이 추구하는 군자의 길, 성인의 길도 단순화하면 인의 실현에 지나지 않는다. 나를 사랑하고 남을 사랑하는 길이다. 이웃을 배려하고 타인을 걱정하는 것이다. 내 남는 힘을 남을 위해서, 사회, 국가, 세계 인류를 위해 봉사하는 것이다. 적으면 적은대로, 크면 큰대로 내 힘을 남에게 주는 것이요, 내가 가지고 있는 지혜와 정성을 남에게 바치는 것이다. 이러한 봉사와 사랑, 배려와 헌신이 극진해지면 공자가 말하는 살신성인(殺身成仁)이 되고 맹자가 말하는 사생취의(舍生取義)가 되는 것이다. 내 몸을 죽여서 인을 이룬다는 말이나 생명을 바쳐 정의를 취한다는 말이나 같은 말이다. 소크라테스가 독배를 마시고 진리와 정의를 위해 죽지 않았든가. 예수가 빌라도 법정에서 엉터리 재판을 받고 인류의 죄를 대신하여 죽지 않았던가. 슈바이처의 헌신, 마하트마 간디의 위대한 헌신, 도산 안창호, 백범 김구의 나라 사랑, 테레사 수녀의 헌신이 무엇을 말해 주는가? 사랑의 길이다.

유학의 사랑은 매우 폭넓은 개념이지만 무엇보다 현세를 중심으로 얘기하고 있다는 데 특징이 있다. 그것은 정치적 사랑의 논리로 엮어져 간다. 유학이 말하는 왕도(王道)가 무엇인가? 치자의 착한 마음을 피치자인 백성에게 실현하라는 말이다. 여기서 가장 중요한 것이 치자의 어진 마음이다. 이 어진 마음, 인심(仁心), 인(仁)은 우리가 태어나면서부터 누구나 다 가지고 있는 것이다. 임금도 인간이므로 이 인을 담지하고 있다. 다만 그 인을 마음에 일으켜 정치 현실에 실현하기만 하면 된다. 물론 백성에게 돌아갈 정책의 내용도 중요하지만, 우선 중요한 것은 치자의 인심, 즉 선의지다. 그러므로 맹자는 당시 많은 제후들에게 선의지의 발동을 지성스럽게 권유하고 설득하였다. 임금이 한 번 선의지를 갖기만 하면 왕도의 실현은 당장 실현된다는 것이다. 왕도는 달리 말하면 차마 못하는 사람의 마음을 가지고 차마 못하는 사람의 정치를 하는 것이다. (『맹자』, 공손추 상公孫丑 上) 왕도 정치란 임금이 길거리에 기어 다니는 백성을 보고 아픔을 느끼고, 배고파 신음하는 백성, 병들어 죽어 가는 백성을 보고 아파하는 마음에서 출발하는 것이다. '백성을 마치 다친 사람처럼(視民如傷)'(『맹자』, 이루 하離婁 下) 여기는 것이 왕도 정치의 출발점이다. 이 차마 못하는 사람의 마음이야말로 왕도를 실현할 수 있는 기반이다. 이 마음은 누구나 다 가지고 있으므로 하면 되는데 다만 하지 않을 뿐이다. 맹자는 말하기를, "나에게 사단(四端)이 있는 것을 확충할 줄 알면 마치 불이 금방 타오르듯 하며 샘물이 금방 솟아오르듯 할 것이니, 진실로 능히 확충하면 온 세상을 족히 보존할 수 있고 진실로 확충하지 못하면 부모도 족히 섬길 수 없다"(『맹자』, 공손추 상公孫丑 上)고 하였다. 또 맹자는 "나라의 임금이 인(仁)을 좋아하면 천하에 적이 없다" 하였다.(『맹자』, 이루 상離婁 上) 공자나 맹자의 왕도 그리고 조선조 율곡이나 다산의 목민 정치가 인의 실현에 지나지 않는다. 유학의 사랑은 궁극적으로 치국, 평천하를 통해 크게 실현된다. 그러므로 유학은 성인이 왕이 되어야 한다고 보는 것이다. 아무리 인의 욕구, 선의지를 가지고 있어도 현실적으로 정치적 힘이 없으면 실현할 수 없고, 또 아무리 정치적 힘이 있어도 성인과 같은 인격으로 선의지를 갖지 아니하면 인의 정치적 실현은 불가하기 때문이다. 그래서 유학은 성인에 의한 왕도의 실현을 항상 이상으로 삼는다. 인의 큰 실현, 사랑의 위대한 실현은 결국 정치를 통해 실현된다. 『예기』에서는 유학의 유토피아인 대동(大同)의 세계를 말하고 있다. 대동의 세계란 큰 도가 실현되어지는 세상이다. 큰 도는 유학의 사랑이, 인(仁)이 온 세상에 펼쳐지는 세상이다. 그래서 네 것, 내 것이 없고, 내 나라, 네 나라가 없는 세상이다. 부자도 없고 가난뱅이도 없다. 천하가 공공의 것이 되어 어느 누구도 소외되지 않는다. 태양이 온 세상을 차별 없이 비추듯이, 사랑이 온 세상에 차별 없이 펼쳐지는 그런 세상이다. 그러므로 누구도 억울함이 없고 누구도 불평불만이 없다. 모두가 싱글 벙글 웃으며 태평성대를 즐기며 노래한다. 집집마다 문을 닫지 않고 활짝 열고 산다. 이런 세상이 대동 세상이다.

2
조화와 균형의 건강 사회
－중용(中庸)－

    유학은 개인이나 사회가 조화와 균형을 이룰 때 건강하다고 생각하는데, 이러한 상태를 '중용'이라고 부른다. 중용은 유학의 중핵적 윤리요 가치다. 유학의 경전인 『중용』은 특히 이 중용의 윤리를 강조하고 있다. 중용의 개념에 대해 송대 유학자 정명도(程明道)는 "어느 한 편으로 치우치지 않음이 중(中)이요, 바꾸지 아니함을 일러 용(庸)이라 한다"고 하였고, 주자는 중이란 치우치지 아니하고 기울지 아니한 것으로, 지나치거나 부족함이 없는 것을 이름한다 하고, 용이란 평상의 의미라고 보았다. 이렇게 볼 때, 중용이란 말은 그 중심이 중에 있고 용은 단지 그 중의 불역성(不易性), 평상성, 항상성을 나타내는 부수적인 의미를 담고 있다.

    중용이란 유학에서 추구하는 지선의 가치요 최고선으로서, 인간 주체가 대상과 시간, 공간에 가장 알맞은 행위를 해야 할 도리다. 중용이란 시간과 공간이라는 상황과 밀접히 연관해 있는 만큼 시중지도(時中之道)라는 말로 표현되기도 한다. 즉 그 상황에 가장 알맞은 도리라는 말이다.

그런데 이 중용의 원리는 정상적인 경우와 비상적인 경우에 따라 달리 설명된다. 유학에서는 정상적인 경우를 상도(常道)라 하고, 비상시의 경우를 권도(權道) 또는 변도(變道)라 한다. 평소 정상적인 상황에서는 시동생이 형수의 손을 잡는 것은 예의에 어긋나지만, 형수가 물에 빠져 죽게 되면 빨리 건져 주어야 한다.(『맹자』, 이루 상離婁 上) 물에 빠져 허우적거리는 형수를 보게 되면 형수를 끌어안고 구조해 인공호흡을 해서라도 목숨을 구해야 한다. 만일 시동생이 형수를 여자로 보아 미안하지만 형수를 구해드릴 수 없습니다라고 한다면 이는 사리에 맞지 않고 옳지 못한 일이다. 이처럼 정상적인 상황에서는 시동생이 형수의 손을 잡아서는 안 되는 것이 중용이다. 그러나 형수가 물에 빠져 죽으려 하면 그 때는 인간의 생명을 구해야 하므로 손을 잡는다거나 입을 대고 인공호흡을 하는 것이 정당한 행위가 된다. 우리의 일상생활이나 사회적, 정치적 처신에 있어서도 이렇게 정상적인 상황과 비상적인 상황을 고려한 알맞은 처세가 곧 중용의 덕이다.

중용의 도리는 예부터 개인의 행위는 물론 정치의 심법으로도 중시되어 왔다. 중국의 고대 요(堯)임금이 순(舜)에게, 순이 우(禹)에게 주었다는 정치의 심법이 곧 중용이었다.(『서경』, 대우모大禹謨) 그런데 이런 중용의 실천은 매우 어려운 경지로 이해된다. 공자는『중용』에서 "중용의 지극함이여! 백성들이 이에 능한 자 드문 것이 오래니라" 하고 개탄하였고, 또 "천하 국가를 잘 다스릴 수 있고, 작록(爵祿)도 사양할 수 있고, 하얀 칼날도 밟을 수 있으나 중용은 능히 할 수 없다"고 하였다. 이처럼 중용의 실천은 공자도 매우 어렵다고 하였다. 맹자는 벼슬할 만하면 하고 그만둘 만하면 그만두고, 오래 있음직하면 오래 있고 빨리 그만둘 만하면 빨리 그만둔 이가 바로 공자라 하여(『맹자』, 공손추 상公孫丑 上) 공자만이 중용의 덕을 실천한 성인이라고 추앙하고 있다.

그러면 유학에서의 중용의 덕, 중용의 가치란 무엇인가? 중용은 지나치거나 부족함이 없는 상태를 말한다. 공자는 말하기를, "지나친 것은 미치지 못함과 같다"(『논어』, 선진先進)고 하였다. 우리는 흔히 중용을 중간적 의미로 사용하기 쉬운데 이는 잘못이다. 유학에서 말하는 중용의 의미는 때 즉 상황과 밀접하게 연관되어 있다. 빠르다와 느리다의 중간이 중용이 아니라, 달리기 경주를 할 때에는 빨리 달리는 것이 중용이고, 사랑하는 연인과 걸을 때는 천천히 걷는 것이 중용이다. 침묵해야 할 때는 말하지 않는 것이 중용이고, 토론회처럼 말을 해야 할 때는 말을 하는 것이 중용이다. 진퇴의 처신에 있어서도 오래 그 자리에 있어야 할 때에는 오래 자리를 지키는 것이 중용이고, 과오가 있거나 능력이 부족해 그만두어야 할 때 빨리 그만두는 것이 중용에 맞는다. 이 중용의 덕, 중용의 윤리, 중용의 가치는 우리의 일상적인 생활에 두루 통용된다. 건강을 위한 식습관이나 운동에서도 중용의 덕은 중요하다. 음식도 건강을 위해서는 균형식이 좋고 운동도 지나치거나 부족해서는 안 된다. 우리의 정신 건강도 마찬가지다. 우리는 항상 스트레스에 시달린다. 인간의 삶에서 스트레스 없는 삶이란 애당초 불가하다. 적당한 스트레스는 오히려 삶의 활력이 된다. 스트레스가 전혀 없다는 것은 무기력이거나 무감각의 상태다. 인간이 어떻게 걱정을 안 하고 산단 말인가? 산 속에 들어간 스님도 고민거리가 있기는 마찬가지고, 신앙에 전념하는 신부, 수녀에게도 왜 걱정거리가 없으랴. 문제는 스트레스가 너무 커도 안 되고 너무 없어도 안 되는 것이다. 적당한 고민, 알맞은 스트레스를 유지하고 스트레스를 스스로 알맞게 해소하는 방식이다.

또 우리의 일상적 삶에서 대인 관계에서도 중용의 덕은 필요하다. 예가 지나쳐도 결례가 되고 예가 부족해도 결례가 된다. 그 때 그 사람에게 가장 알맞은 예의가 중용이다. 이 중용의 덕은 피차가 웃을 수 있고 즐거운 인간관계가 된다. 또 중용의 덕은 감정의 표현에서도 적용된다. 우리는 일상적인 삶에서 다양한 형태의 감정을 발산하며 살아간다. 기쁨, 슬픔, 노여움, 사랑함, 두려움, 미워함, 무엇을 욕구함 등 여러 가지 감정을 표현하며 살아간다. 이 감정의 표출도 중용이 필요하다. 부모의 상을 당한 슬픔과 친구의 상을 당한 슬픔의 감정이 똑같아서는 안 된다. 과자 하나 얻어먹은 기쁨과 고생 끝에 성공한 기쁨이 동일해서는 안 된다. 친구를 미워하는 감정과 적국을 미워하는 감정이 같아서는 안 된다. 감정도 대상에 따라, 시간과 공간에 따라, 상황에 따라 알맞아야 하는 것이다.

중용의 덕은 가정교육에서도 적용된다. 가정은 혈연관계로 이루어진 기초사회다. 부모는 사랑으로 가정을 이끌어야 한다. 그러나 사랑만으로 어려울 때는 매와 채찍도 필요하다. 사랑의 인(仁)과 매의 의(義)가 잘 조화될 때 성공적인 가정교육이 가능해진다. 이것을 예(禮)와 악(樂)의 조화, 예와 악의 중용으로 설명해 보기로 하자. 유학은 항상 예와 악의 조화, 균형을 이상으로 삼는다. 예란 예의 질서를 말하고 악이란 화목의 즐거움을 말한다. 예는 윤리 도덕의 질서라면 악이란 풍류와 놀이의 즐거움이다. 예는 도덕적 이성의 소산이라면 악은 감성의 소산이다. 『예기』에서는 예란 서로 공경해 차이를 두는 것이고, 악이란 서로 친해 같아지는 것이라 하였다. 그런데 악이 예보다 지나치면 방탕에 흐르기 쉽고, 예가 악보다 지나치면 정이 멀어진다고 하였다.(『예기』禮記, 『악기』樂記) 예의 방정성(方正性)도 중요하고 악의 원융성(圓融性)도 중요하다. 어느 하나도 결여되어서는 안 된다. 부모와 자녀의 관계 즉 부자유친을 가지고 생각해 보자. 부모와 자녀의 관계는 본래 수직적 관계다. 부모가 자식을 낳았고 부모는 생명의 근본이다. 따라서 부모는 예로써 자식을 대하여 부모와 자식의 질서를 알게 할 필요가 있다. 그러나 부모가 그 예의를 너무 지나치게 강조하면 부모와 자식 간에 화목이 깨지고 거리가 생겨 소원한 관계가 되고 만다. 이에 부모는 자식을 횡적, 수평적으로 전환해 대할 필요가 있다. 이것이 악(樂)이다. 부모는 자식과의 대화, 소통을 위해 함께 놀기도 하고 게임도 하고 여행도 가고 친구가 되어 주어야 한다. 그렇지만 이 악의 관계 시도가 지나쳐 자식이 부모를 친구로 착각하여 예의를 범한다면 이 또한 문제가 된다. 그러므로 부모는 자식에게 예(禮)로써 질서를 주고 동시에 악(樂)으로 소통해야 한다. 여기서도 상황에 따른 대응의 강도는 중용에 맞아야 한다. 즉 상황에 따라 예가 더 강조될 수도 있고, 악이 더 강조될 수도 있다. 이렇게 될 때, 부모와 자식과의 관계는 가까우면서도 멀고, 멀면서도 가까운 예와 악이 잘 어우러진 중용의 관계를 회복할 수 있다.

정치도 마찬가지다. 훌륭한 정치란 예(禮)와 악(樂)이 잘 조화된 상태를 말한다. 먼저 예의와 법으로 사회적, 정치적 질서가 반듯하게 서야 한다. 그러나 이 법이나 예의가 너무 강조되면 사회가 경직되어 인간관계가 멀어지고 치자와 피치자 간에 소통이 안 된다. 이에 치자는 악을 통해 백성들과 소통하고 가까워져야 한다. 백성들과 함께 즐기고 놀아야 한다. 이것이 맹자가 말하는 여민동락(與民同樂)이다. 백성과 더불어 함께 즐기는 것이다. 백성들이 즐거워야 하고 신바람 나게 느껴야 한다. 그렇지만 이 악이 지나쳐 버리면 예의 질서가 무너지고 국법 질서가 무너져 국가적 위기와 사회의 와해가 초래된다. 그러므로 훌륭한 정치는 예와 악이 상황에 맞게 조화되는 그러한 정치다. 그 때 그 상황에 맞게 예와 악을 적절히 조화시켜 반듯한 나라이면서 동시에 신바람 나는 그런 나라를 이룩해야 하는 것이다.

공자는 순임금의 위대한 지혜에 감탄하며, 그 양 끝을 잡고 백성들에게 중용을 사용한다고 하였다.(『중용』) 이는 순임금이 중용을 현실 정치에 활용했다는 것을 잘 말해 준다. 훌륭한 지도자는 중용의 덕을 현실 정치에 활용할 줄 알아야 한다. 오늘날 우리 사회는 심각한 갈등과 대립 속에서 살고 있다. 이념의 대립, 세대 간의 갈등, 지역 간의 갈등, 계층 간의 갈등, 노사 간의 갈등 등 도처에서 대립갈등으로 국력을 낭비하고 있다. 통일 문제, 남북 문제를 놓고 이념 갈등이 심각하다. 통일의 명분과 당위를 인정하면서 현실적 접근이 필요하다. 언제까지 평행선으로 달려갈 것인가? 교육을 놓고도 진보 진영, 보수 진영 간 대립과 갈등이 심각하다. 교육이라는 대명제 앞에 상황에 알맞은 해법을 찾으면 된다. 노사 갈등은 한국 사회의 고질이 되어 버렸다. 복지 문제를 놓고도 진보 진영과 보수 진영의 갈등이 첨예하다. 또 개발이냐 보존이냐의 이분법에서 벗어나지 못한 채 환경 보존과 개발이 갈등하고 있다. 이러한 갈등과 대립은 우리 사회 곳곳에 독버섯처럼 번져가고 있고 치유도 쉽지 않은 듯하다. 유학의 중용은 이러한 갈등과 대립의 구조를 하나로 조화시키는 해법이라는 점에서 그 의의가 크다. 우리는 늘 서로 대립되는 가치, 주의, 주장으로 싸우게 된다. 그런데 대립되는 두 가치나 주장은 모두가 홀로로는 불완전하고 반쪽이라는 점이다. 반드시 상대를 통해 그 부족함을 보완 받아야 한다. 중용의 논리는 먼저 이것과 저것이 서로 상대를 인정해야 한다는 점이다. 나만 옳은 것이 아니라 상대도 옳다는 것을 인정해야 한다. 상대만 틀린 것이 아니라 나도 틀릴 수 있다는 것을 인정해야 한다. 그렇다고 이것과 저것의 중간이나 타협점을 중용이라 하지 않는다. 이 중용의 덕 또한 시의성, 상황성과 밀접히 연관되어 있기 때문이다. 예컨대 통일 문제를 놓고도 상황에 따라 보수적 정책이 더 알맞을 때가 있고 진보적 정책이 더 알맞을 때가 있다. 교육도 마찬가지다. 그 상황에 따라 진보적 교육정책과 보수적 교육정책이 알맞게 적용될 수 있는 것이다. 중용은 갈등하는 두 상대를 만족시킬 수 있고 사랑과 화해, 조화와 평화로 상생의 길을 갈 수 있는 길이다. 유학은 개인이나 사회나 어느 한 쪽으로 편중되거나 치우치는 것은 바람직하지 않다고 생각한다. 상대를 인정하고 이해하면서 하나의 길로 나가는 것이야말로 함께 사는 길이고 함께 발전하는 길임을 확신한다. 그러므로 유학이 중용의 덕을 중요하게 여겼던 것이고, 이를 정치 원리로도 사용했던 것이다.

3

물질적 풍요와 도덕적 정의의 구현

- 의(義)와 이(利) -

　유학이 추구하는 잘 산다는 것, 유학이 말하는 훌륭한 정치, 훌륭한 세상은 다름 아니라 물질적 풍요와 도덕적 정의가 함께 충족되는 것이다. 유학의 모든 경전은 이와 같이 경제와 윤리의 조화, 물질적 가치와 도덕적 가치의 겸비를 이상으로 삼는다. 맹자는 말하기를 "생(生) 또한 내가 하고자 하는 바요, 의(義) 또한 내가 하고자 하는 바이지만, 이 두 가지를 겸하여 구할 수 없다면 생을 버리고 의를 취하리라"(『맹자』, 고자 상告子 上)하였다. 여기서 생이란 살고 싶은 생존 욕구를 말하고, 의란 올바르게, 정직하게, 떳떳하게 살고 싶은 도덕적 욕구를 말한다. 인간에게 가장 시급한 과제는 생존의 문제다. 살기 위해서는 먹어야 하고 입어야 하고 집이 있어야 한다. 또 살기 위해서는 돈이 있어야 한다. 따라서 맹자가 말하는 생(生)이란 곧 이익(利), 실리(實利), 경제를 의미하는 말이다. 맹자는 인간이 욕구하는 가장 기본적인 두 가지가 하나는 잘 먹고 잘사는 경제의 충족이고, 다른 하나는 올바르게 떳떳하게 사는 것이라 하였다. 이 두 가지를 충족해 사는 것이 잘 사는 길이요 훌륭하게 사는 길이다. 그러나 만약 사는 것과 올바름이라는 두 가지를 선택해야 한다면, 유학의 입장에서는 마땅히 생을 버리고 의를 취한다. 이 '사생취의(舍生取義)'는 공자가 말한 '살신성인(殺身成仁)'과 같은 말이다. 우리는 유학이 살신성인, 사생취의에 초점이 있고 목적이 있는 것으로 오해해 왔다. 그러나 위 맹자의 말을 잘 음미해 보면 맹자가 이상으로 삼는 것은 생(生)과 의(義)의 겸비, 경제와 윤리의 조화라 하겠다. 맹자의 이 말속에 유학의 진정한 메시지가 잘 담겨 있다. 또 『서경』에서는 정치에 있어서의 큰 세 가지 일로 정덕(正德), 이용(利用), 후생(厚生)을 들고 있는데,(『서경』, 대우모大禹謨) 정덕이란 사람마다 밝은 덕을 지니는 것을 말하고, 이용은 기술을 발전시켜 편리한 삶을 영위한다는 말이고, 후생은 농업, 어업, 공업 등 산업이 발전하여 재물이 풍족하고 삶이 풍족해지는 것을 말한다. 따라서 정덕은 윤리 도덕의 문제라면, 이용 후생은 경제의 문제가 되어 양자의 겸비, 조화를 추구하고 있다.

또한 『논어』에서는 족식(足食), 족병(足兵)과 함께 민신지(民信之)를 말하고 있는데,(『논어』, 안연顏淵) 족식이란 먹는 것이 풍족하다는 말로 경제적 부강을 말하고, 족병은 군사의 충족으로 국방의 튼튼함을 말하고, 민신지는 백성들이 신의가 있음을 말하는 것으로 백성들의 도덕적 수준을 의미하는 말이다. 이처럼 경제, 국방, 도덕은 정치에 있어서 중요한 세 가지 요소로 일컬어졌다. 또 '견리사의(見利思義)'라 하여 이익을 보거든 옳음을 생각하라 하였는데, 여기서도 이익이란 경제적 가치와 의리라는 도덕적 가치가 조화되어야 함을 잘 설명해 주고 있다.

또한 『대학』에서는 "도덕은 근본이요 재물은 말단이다"라고 하여, 도덕을 경제보다 가치적 우위에 두어 본말 관계로 설정하고 있지만, 그 내면에 담긴 뜻은 도덕과 경제의 겸비를 강조하고 있다. 도덕은 근본이고 경제는 말단이라는 메시지는 유학을 도덕 중심주의로 오해하는 데 중요한 근거가 된 바 있다. 물론 유학의 입장에서 보면 인간에게 있어 먹고 사는 문제보다 도덕적 정의가 더 소중한 가치라고 보는 것이 상식이다. 그것은 인간이 다른 동물과 구별되고 차별화되는 경계가 바로 여기에 있다고 보기 때문이다. 돼지나 개에게는 먹고 사는 생존의 문제가 중요하고 시급하지만, 인간은 비록 굶어 죽더라도 비굴하거나 떳떳하지 못하게 살 수 없다는 것이다. 그렇지만 유학은 먹고 사는 민생의 문제, 경제의 문제를 결코 소홀해서는 안 된다고 본다. 오히려 백성의 입장에서는 먹고 사는 경제의 문제가 가장 시급한 과제임을 인정하는 것이다. 그러므로 도덕과 경제의 가치적 조화를 이상으로 삼는다.

또한 『대학』에서는 '이재발신(以財發身)'과 '이신발재(以身發財)'를 말하여 구별하고 있는데, 이재발신은 재물로써 몸을 펴야 한다는 말이고 이신발재는 몸으로써 재물을 펴야 한다는 의미다. 즉 이재발신은 재물은 인간을 위해 사용해야 한다는 뜻이고, 이신발재는 인간이 재물을 위해 사용된다는 말이다. 돈이나 재물은 인간의 생명과 행복을 위해 필요한 것이다. 돈이, 재물이 인간을 위해 사용되어야 한다. 이것이 이재발신의 진정한 의미다. 반대로 사람이 돈을 버는 기계, 사람이 경제를 위해 사는 것이 이신발재의 뜻이다. 오늘날 현대사회는 물질에 의한 인간 소외, 경제에 의한 인간 소외 현상이 매우 심각하다. 이신발재는 곧 경제에 의한 인간 소외를 단적으로 표현한 말이고, 이재발신은 일체의 재물, 돈, 경제는 인간의 행복을 위해 사용되어야 한다는 의미다. 여기서도 경제가 인간을 위해 사용되어야 하고, 도덕적으로 사용되어야 한다는 점을 말하고 있다. 특히 『맹자』에서는 이 문제에 대해 깊은 관심을 갖고 많은 논의를 하고 있다. 맹자는 "항산(恒産)이 없어도 항심(恒心)이 있는 자는 오직 선비만 할 수 있거니와, 백성은 항산이 없으면 인하여 항심도 없다"(『맹자』, 양혜왕 상梁惠王 上)고 하였다. 여기서 항산이란 일정한 재산으로 생계유지를 위한 기초적인 경제력을 의미한다. 즉 먹고 살만한 의식주의 능력을 항산이라 한 것이다. 항심이란 일정한 마음으로 인간의 도덕적 양심, 본심을 의미한다. 맹자는 인간에게 있어서 항산이 갖추어지지 않으면 항심을 기대할 수 없다 하였다. 즉 가난해 배가 고프면 도둑질을 하지 않을 수 없다는 말이다. 반면 물질적으로 풍족해 경제적 여유가 있으면 도둑질을 할 가능성이 훨씬 줄어든다. 이는 경제와 윤리가 인간에게 미치는 상관관계를 소박하게 표현한 것인데, 현대적으로도 매우 타당한 것으로 이해된다. 맹자는 항산이 없으면 항심도 없다는 것은 일반 서민 대중의 경우라면, 선비의 경우는 항산이 없어도 항심을 지킬 수 있다고 하여 지성인의 도덕적 제어 능력을 인정하였다. 그러나 현실 정치란 일반 대중을 대상으로 한다고 볼 때 경제적 기초는 매우 중요한 의미를 갖는다. 그러므로 율곡은 선유의 말을 인용해 "백성은 먹는 것에 의존하고 나라는 백성에 의존하니, 먹을 것이 없으면 백성이 없고 백성이 없으면 나라도 없다"(『율곡전서』, 권4, 의진시폐소 擬陳時弊疏)고 하였다.

또한 맹자는 왕도 정치의 시작을 민생의 안정에서 찾고, 백성들의 윤리 의식을 제고함으로써 왕도 정치가 완성된다 하였다. 유학은 왕도 정치의 기초를 경제적 기초에서 찾는다. 민생의 안정, 의식주의 안정이 안 되면 백성들은 존재할 수 없고, 백성들이 민생에 허덕여 굶주리면 나라도 없는 것이라 하였다. 오늘날 현대 정치도 경제를 가장 중요한 요소로 삼고 있음은 마찬가지다. 그런데 백성들이 물질적으로 풍요를 누린다 해서 왕도 정치가 완성되는 것이 아니다. 백성들의 윤리 의식을 수준 높게 끌어올려야 진정 왕도 정치가 완성된다. 맹자가 이처럼 왕도 정치의 시작을 경제에서, 완성을 윤리에서 찾은 것은 매우 의미 깊다.

앞서 『논어』에서 "이익을 보거든 의리를 생각하라(見利思義)"(『논어』, 헌문憲問) 하였는데, 여기서 이익과 의리의 관계에 대해 검토해 보기로 하자. 인간은 본래 욕망을 지닌 존재로서 자신의 이익을 추구한다. 또 모든 집단과 그룹, 나아가 국가도 저마다 자신의 이익을 좇는다. 맹자는 위로는 임금으로부터 아래로는 백성에 이르기까지 저마다의 이익이 상호 충돌하면 나라는 위태롭다(『맹자』, 양혜왕 상梁惠王 上)고 경고한 바 있다. 이익 지상주의는 공동체를 위태롭게 하고 구성원의 동질성과 일체감을 마비시킨다. 본래 이익이란 그 자체가 악한 것은 아니다. 문제는 개인의 사사로운 욕심에 있다. 이익이 선하게 사용되려면 정의에 맞아야 한다. 그래서 『논어』에서는 "이익을 보거든 의(義)를 생각하라"하는 것이고, 『주역』에서는 "이익이란 정의와 조화된 것"(『주역』, 건괘문언乾卦文言)이라 하였다. 이익이 공적으로 사용되면 선이 되지만, 이익이 사적으로 사용되면 악이 된다. 그러므로 항상 이익은 정의롭게 사용될 때 그 가치가 있다. 달리 말하면 재물, 경제란 정의롭게, 올바르게 사용될 때 공리(公利)로서 나와 너를 행복하게 하고 우리 모두를 이롭게 하는 것이다. 반대로 이익이 개인의 사사로운 욕심으로 사용되면 공정성, 공평성을 해치고 공동체의 불화를 조장하고 남의 이익을 침범해 갈등하게 된다. 특히 사리사욕은 남에게 폐해를 끼치고 공동체의 균열을 가져온다는 점에서 경계해야 한다.

유학이 물질 내지 경제의 중요성을 강조하고 이익이라는 가치에 긍정적 관심을 갖는 것은 다른 종교나 사상과 구별되는 점이다. 대부분의 종교들은 일체 죄악의 근원을 욕망에서 찾고, 그 욕망이 추구하는 이익이라는 가치에서 찾는다. 한없는 욕망의 발동, 끝없는 이윤의 추구가 이 세상 모든 죄악의 근원이라고 생각한다. 그러므로 욕망을 끊고 욕심을 버리고 사심을 없도록 하라고 말한다. 그리고 물질로 이루어진 자동차, 집, 냉장고, 컴퓨터 등 인간의 일상생활에 필요한 도구들에 대해 부정적으로 보지 않는다. 유학의 입장에서는 먹고 사는 것, 우리가 인간다운 삶을 영위하는 데 필요한 것들을 인정한다. 한 마디로 돈, 물질, 재물, 경제적 가치에 대해 부정적으로 보지 않고 오히려 필요한 것으로 인정한다. 왜냐하면 인간의 삶을 위해서는 필요한 것들이기 때문이다. 다만 그러한 물질이 지나치게 많고 화려한 것은 비판하고 있다. 인간 삶에 알맞은 물질, 인간 삶에 편리한 도구, 인간 삶에 필요한 만큼의 돈은 있어야 한다고 보았다. 유학이 개인이나 정치에 있어서 물질 내지 경제의 존재와 가치를 인정하는 것은 매우 의미 있는 일이다. 돈이나 집이나 보석이 부질없고 헛되고 헛된 것으로 부정하지 않는다. 이 점이 현세 철학으로서의 유학의 특징이고 세속철학으로서의 유학의 특징이다. 유학의 입장에서는 인간과 그들이 모여 사는 사회가 중요하다. 그 인간과 사회가 삶을 지탱하고 유지하기 위해서는 반드시 돈, 물질, 경제가 필요한 것이다. 그러므로 돈이나 물질 그리고 경제를 부정적으로 보지 않는다. 이 점이 유학이 불교나 도가와 차별화되는 점이고 특징이 되는 점이다.

또한 유학에서는 정치에 있어서 양민(養民)과 교민(敎民)의 조화를 추구한다. 양민이란 백성을 물질적으로 풍족하게 하는 것을 말한다. 의식주는 물론 삶의 양과 질을 보장해 주는 것이다. 이 양민이 맹자가 말하는 왕도 정치의 출발점이다. 교민이란 백성을 지적으로 도덕적으로 교화시켜 백성들의 의식 수준을 향상시키는 것을 말한다. 왕도 정치는 이 교민을 통해 완성된다. 이 두 가지는 어느 것도 결여되어서는 안 된다. 훌륭한 정치란 무엇인가? 유학은 양민과 교민을 통해 이루어질 수 있다. 양민을 통해 백성들의 기초적 삶이 보장되고 물질적 풍요를 이룬다. 또한 교민을 통해 백성들의 지적 수준이 향상되고 도덕의식이 계발되어 선진 시민이 된다. 물질적 풍요와 윤리적 정의가 함께 실현되는 사회, 그러한 정치가 이상적인 것이다.

우리 역사에서 돌이켜 보면 조선조 사회는 도덕적 가치를 중시하고 윤리 도덕이 지나치게 강조된 반면 물질적 부와 경제적 풍요를 경시했던 사회였다. 이에 반해 현대사회는 경제지상의 가치관이 보편적으로 적용되고 물질적 풍요를 무엇보다 중시하는 데 특징이 있다. 유학이 추구하는 바람직한 사회는 윤리와 경제, 도덕과 물질이 함께 존중되고 실현되는 사회다. 개인도 물질적 부와 도덕적 정의가 함께 충족될 때 행복해질 수 있고, 한 나라, 한 사회도 물질적 풍요와 도덕적 정의가 함께 충족될 때 잘 사는 나라, 행복한 나라가 될 수 있다.

4
예의와 즐거움이 어우러진 세상

- 예(禮)와 악(樂) -

유학은 개인적으로는 도덕적 인간이 되고 사회적, 정치적으로는 도덕적 사회, 도덕 국가의 실현을 추구한다. 공자도 말했듯이 "정령(政令)으로써 백성을 인도하고 형벌로써 백성을 바르게 하면, 백성들은 법을 면하려고만 하고 부끄러움이 없게 되고, 덕(德)으로써 인도하고 예(禮)로써 바르게 하면 부끄러움도 있고 바르게 된다"(『논어』, 위정爲政) 하였다. 전자는 법치를 말하고 후자는 덕치(德治) 내지 예치(禮治)를 말한 것이다. 법이나 행정명령을 통해 백성들을 다스리면 백성들은 법이나 제도의 그물망을 벗어나려고만 하고 죄의식은 없게 된다 하였다. 이에 대해 덕치 내지 예치는 백성들이 죄의식을 갖게 되고 도덕의식이 점차 향상된다고 하였다.

또한 맹자는 왕도(王道)와 패도(覇道)를 구별해 설명하면서 힘으로써 인(仁)을 가장하는 것이 패도인데 패도는 반드시 대국을 필요로 한다 하였다. 그러나 덕(德)으로써 인을 행하는 것이 왕도인데, 왕도는 구태여 큰 나라를 필요로 하지 않는다 하였다. 힘으로써 백성들을 복종시키는 패도의 경우는 백성들이 마음으로부터 복종하지 않고 다만 힘이 부족하기 때문에 복종하는 것이라 하였다. 그러나 왕도의 경우는 덕으로써 백성들을 복종시키는데 마음속으로부터 기뻐서 진실로 복종한다 하였다.(『맹자』, 공손추 상公孫丑 上)

이와 같이 유학은 왕도(王道), 인정(仁政), 덕치(德治)를 이상으로 삼는데, 한결같이 정치의 본질은 도덕에 있다. 사람은 누구나 하늘로부터 천부적인 본성으로 천리를 부여받았고, 그 본성은 덕성으로 착하고 정직하고 진실하고 바르다는 것이다. 유학은 이처럼 인간의 본질에 대해 긍정적인 평가를 하고 있다. 도덕적 인간으로 태어났으니 도덕적 인간으로 살아야 한다는 말이다. 그렇지 못할 때 인간은 부도덕한 인간이 되고 인간답지 못한 삶이 되는 것이다. 적어도 유학은 지적으로는 좀 부족해도 용서받을 수 있지만 도덕적으로 결함이 있어서는 용납될 수 없는 것이다. 그것은 이 도덕성이야 말로 인간과 다른 동물과 구별되는 유일한 기준이라고 보기 때문이다. 도덕적 가치를 인식하고 도덕의식을 갖고 살아가는 인간의 위대성을 통찰한 것이 유학이다. 그러므로 유학은 다른 것은 다 잃더라도 도덕적 양심만은 잃지 말 것을 강조하는 것이다.

여기서 우리는 유학의 이러한 도덕주의에 대해 다시 한 번 그 의의를 성찰해 볼 필요가 있다. 인간이 이룩한 찬란한 문명과 문화는 지성과, 감성 그리고 욕망과 의지의 산물이다. 그러나 그 문화와 문명을 어떻게 사용하고 활용하는가 하는 것은 인간의 몫이다. 아무리 훌륭한 문화와 문명도 인간의 악한 의지에 의해 사용되면 그것은 악한 것이 되고 만다. 전자통신기술, 생명공학, 핵 기술, 첨단 과학기술 등 모든 것이 어떻게 사용되느냐에 따라 인간에게 선이 되기도 하고 악이 되기도 한다. 여기서 우리는 인간의 선의지에 주목하게 된다. 유학이 인간의 내면에 잠재한 도덕의식을 신뢰하고 그것을 통한 인류 사회의 질서 유지를 말하는 것은 의미심장한 일이다. 현대 민주주의가 법치를 이상으로 내세우지만, 그 한계와 문제점은 고스란히 노정되어 있다. 법 만능으로 해결할 수도 없고 아무리 엄격한 법질서로도 해결할 수 없는 통치의 한계를 인류는 깨닫게 되었다. 중요한 것은 인간의 변화라는 사실이다. 인간의 내면에 깊숙이 잠재한 도덕의식을 계발하고 드러내고 고무 격려하는 것이야 말로 그 무엇보다 소중한 작업이요 통치행위라는 것을 알기 시작했다. 따라서 현명한 지도자는 법이 아니라 예로써, 인간의 자율적인 도덕으로 세상을 운용하겠다는 생각을 가져야 한다. 도둑이 많은데 어떻게 할 것인가? 살인, 강도, 사기, 폭행 등 비행이 난무하는데 어떻게 치유할 것인가? 단기적으로 법에 의한 대증요법을 사용할 수 있겠으나 근본적인 대책을 될 수 없다는 사실이다. 문제는 인간의 변화를 도모하는 일이다. 인간이면 누구나 가지고 있는 도덕의식을 계발해 내는 것이다. 거짓은 나쁜 것이라는 것, 도둑질은 남에게 손해를 준다는 것, 남의 신체를 아프게 해서는 안 된다는 것, 약속된 사회질서를 지켜야 한다는 것, 국가공동체를 함께 지켜야 한다는 것, 나보다 약한 사람을 돕고 살아야 한다는 것, 남과 더불어 살아가야 한다는 것 등 이러한 마음과 생각을 갖도록 하는 것이다. 이러한 작업은 결국 교육의 몫이고 종교적 교화의 몫이다. 국민의 도덕의식을 계발하는 것은 시간이 많이 필요하다. 그리고 오랫동안의 노력이 필요하다. 그 결과도 금방 나타나지 않는다. 그러나 이 작업, 이 일을 해야 하는 것이다.

유학은 가정과 사회, 국가와 세계가 인간의 도덕적 양심에 의해 유지되고 예의 질서에 의해 규율되기를 희구한다. 법이 아니라 인간의 양심에 의해 지배되는 세상, 법의 강제가 아니라 양심의 자율에 의해 세상이 유지되고 다스려지는 세상을 유학은 꿈꾼다. 이러한 꿈은 인간의 도덕화로부터 출발한다. 먼저 각 개인, 인간 주체가 도덕적 인간으로 건강하게 성장해야 한다. 이것이 유학이 말하는 수기요 수양이다. 철저한 자기 관리를 통해 도덕적으로 반듯한 인격을 갖추는 일이다. 그런데 이 일은 결코 쉬운 일도 아니고 하루아침에 이루어지는 것도 아니다. 앞서 언급했듯이 인간은 육신을 지닌 존재이므로 선천적인 도덕의식이 제대로 작동되지 않는다. 욕망과 감성이 인간의 도덕성을 시험하고 유혹한다. 끊임없이 내 마음속에서 감성, 욕망, 지성은 덕성과 충돌한다. 이 과정은 죽는 날까지 면할 수 없다. 이것이 인간의 현주소요 실존적 모습이다. 우리가 정신을 바짝 차리며 살아야 할 이유가 바로 여기에 있다. 조금만 정신을 놓아도 실수하게 되어 있다. 그래서 예부터 '조심(操心)'이란 말이 나왔다. 마음을 잘 붙들고 잡으라는 말이다. 시도 때도 없이 넘나드는 마음, 언제 어디로 갈지 알 수 없는 마음을 잘 다스리지 않으면 안 되는 것이다.

인간의 도덕성을 바탕으로 예(禮)가 나온다. 예는 주자의 말대로 천리(天理)의 절문(節文)이요 인사(人事)의 의칙(儀則)이다. 우주 자연의 질서를 형상화한 것이 예의요 그것을 인간의 질서로 만든 것이 예다. 예의는 넓게는 우주 자연의 질서이면서 동시에 인간 삶의 질서이기도 하다. 예의는 인간 사회의 질서를 가져오고 인간 상호 간에 화목을 가져온다. 또 예의를 통해 공동체가 유지되고 공동체의 평화와 안정이 도모된다. 만약 우리가 예의를 잃게 되면 그 순간 우리는 야만으로 떨어지게 된다. 문명이냐 야만이냐의 갈림길이 예의에 있다. 인간이 문명사회를 운운하는 것이 예의 문화 때문이다. 물론 첨단 과학기술이나 편리한 문명의 이기로서 인간의 문명사회를 운운할 수 있지만, 근본적으로는 예의 문화에 있다고 생각된다. 우리가 첨단 과학기기를 갖지 못한 채 원시적인 문화 체계로 산다면 다소 불편하기는 하겠지만 그것이 부끄러운 것은 아니다. 그러나 우리가 윤리 도덕을 어기고 예의 질서를 무시하고 산다면 인간 스스로가 부끄럽고 당당하지 못할 것이다. 유학은 모든 경전에서 예를 강조한다. 그 예는 인간 삶의 질서 체계다. 가장 가까운 생활의 질서로부터 사회, 국가, 세계의 질서까지 아우른다. 유학에서는 예학이 중시되었고 『예기(禮記)』, 『의례(儀禮)』, 『주례(周禮)』가 3례로서 중시되었다. 특히 주자는 『가례(家禮)』를 써서 관혼상제의 규범을 만들어 동아시아의 보편적 규범으로 만들었다. 조선조 시대는 임금으로부터 관료들, 시골의 농부, 길거리의 장사하는 사람들까지 예를 알아야 했다. 예를 모르면 사람대접을 못 받고 예를 알아야 사람대접을 받았다. 예를 알고 실천하는 것 이것이 사람이 먼저 해야 할 일이다. 그러므로 가정교육에서의 도덕교육이 중시되었고, 사회교육으로서의 도덕교육이 활발하게 이루어졌다. 예는 인간의 존엄을 지키는 방법이다. 예의 근본정신은 남의 인격을 존중하는 데 있다. 예의 형식은 때와 장소에 따라 달라진다. 예의 실천 방식은 상황에 따라 다르다. 웃사람에게는 허리를 굽혀 공손히 인사하지만, 친구 사이에는 악수로써 인사를 하기도 한다. 우리의 언어도 대상에 따라 예의를 달리한다. 그러므로 예는 가깝고 멀고 높고 낮고 친하고 소원한 데 따라 달라지는 것이다. 예는 사람과 사람 사이를 구별해 주는 데 특징이 있다. 예로써 남녀가 구별되고 부모와 자식이 구별된다. 또 예로써 친구와 친구가 구별되고 선배와 후배가 구별된다. 예가 무너지면 사람 사이에 구별이 무너지므로 난장판이 되고 무법천지가 된다. 한 가정에 예가 없어지면 가정의 질서가 무너져 부모와 자식, 형과 아우, 남편과 아내, 어른과 아이의 구별이 없어지게 된다. 사회의 질서가 무너지면 선배와 후배, 어른과 아이, 웃사람과 아랫사람, 친한 이와 소원한 이의 구별이 무너지게 된다. 또 한 나라의 예가 무너지면 대통령과 장관, 선배와 후배, 남성과 여성, 직장의 상사와 직원 간에 질서가 무너진다. 예가 없는 사회, 질서가 없는 사회는 야만 사회다. 인간의 가치가 빛나는 것은 예의 문화가 있기 때문이다. 힘들어도 예의를 지키고 변거로워도 예의를 지키고, 귀찮아도 예의를 지켜야 한다. 예의는 인간을 인간답게 하는 것이기 때문이다. 예의는 인간의 품격을 높여 주고 피차 즐거운 만남을 이루어 준다. 예의는 공동체의 수준 높은 안전판이며 구성원의 상생과 화목을 조성한다. 예의는 인간이 탐욕으로부터 벗어나는 길이며 야만에서 해방되는 길이다. 예의를 통해 인간은 만물 앞에 당당해질 수 있고 떳떳해질 수 있다. 그러므로 우리는 이 예의를 잠시도 떠날 수 없다. 만약 이 예의를 떠난다면 인간이기를 포기하는 것이 되기 때문이다. 예의는 자랑스런 인간의 문화 상징이며 인간만이 누릴 수 있는 문화 권력이자 의무다. 그래서 공자는 "예가 아니면 보지도 말고 예가 아니면 듣지도 말고 예가 아니면 말하지도 말고 예가 아니면 움직이지도 말라"(『논어』, 안연顔淵) 했던 것이다.

그런데 유학은 예의만을 고집하지 않고 즐거움의 문화 즉 악(樂)의 문화를 통해 보완하고자 하였다. 예와 악의 조화 이것이 유학의 특징이고 자랑이다. 우리는 흔히 유학을 엄숙한 도덕주의로 규정하기도 한다. 이는 유학에 대한 오해요 무지다. 유학은 전통적으로 예와 악을 보완관계로 인식해 왔다. 예가 있으면 악이 반드시 있어야 하고, 악이 있으면 예가 반드시 있어야 한다. 유학의 이러한 생각은 일찍이 인간의 마음 내면에서부터 싹터 왔다. 즉 인간의 마음에 자리한 도덕 이성과 감성에 대한 깨달음이었다. 마음의 본성은 항상 내면에 잠자고 있을 뿐이다. 인간은 무엇을 보고 느끼고 만나면서 움직여 감정으로 드러난다. 감성은 인간의 진실한 본성의 표현이요 노정이다. 감성은 인간을 인간답게 한다. 감성은 인간을 멋지게 한다. 감성 없는 인간을 상상해 보라. 얼마나 무미건조한가. 로봇 같은 인간, 기계 같은 인간, 교과서 같은 인간 아닌가. 피도 눈물도 기쁨도 감격도 없는 인간 아닌가. 열정도 의지도 없는 인간 아닌가.

유학은 일찍이 이 감성의 역할과 그것의 중요성에 대해 통찰해왔다. 감정을 없애거나 금지가 아니라 알맞게 절제하라고 가르쳤다. 감성의 절제에 필요한 기기가 곧 도덕 이성이다. 성리학으로 말하면 정(情)을 리(理)로 제어하고 절제하는 것이다. 이것이 예와 악의 조화다. 『예기』「악기편(樂記篇)」은 이 문제에 대해 많은 얘기를 나누고 있다. 인간은 다양한 감성을 맘껏 표출해야 한다. 기쁨, 노여움, 슬픔, 두려움, 사랑함, 미워함, 욕구함 등 상황에 따라, 대상에 따라 가지각색의 다양한 감성을 드러내야 한다. 감성을 죄악시하여 막아서도 안 되고 무시해서도 안 된다. 감성과 욕망을 인정하고 그것의 아름다운 발산을 고무 장려하는 데 유학의 본의가 있다. 이 감성은 노래를 부르고 악기를 연주하며, 그림을 그리고 조각을 만들며, 춤을 추고 시를 읊는다. 이 예술의 문화는 인간의 생명에 활력을 주고 다시 또 다른 창조의 동력이 된다. 그리고 만인의 공감을 불러일으키고 예술 문화를 통해 소통한다. 슬픈 자는 위로를 받고 절망한 자는 희망을 얻는다. 약한 자는 의지를 강건케 하고 외로운 자는 위로를 받는다. 『논어』에 의하면 공자 자신도 시인이면서 음악에도 조예가 깊었다. 그는 시(詩)를 통해 인간의 감흥을 일으키고 예(禮)를 통해 인간 주체를 확실히 세우고, 악(樂)을 통해 인격을 완성시키라고 가르쳤다.(『논어』, 태백泰伯) 여기서 악은 인간 완성의 단계로 이해된다. 또 그는 제자들에게 "너희들은 왜 시를 배우지 않느냐? 시는 감흥을 일으키고 인정을 볼 수 있게 하고, 사람과 어울리게 하며, 비정(非情)을 원망할 줄 알게 한다. 가까이는 부모를 섬기게 하고, 멀리는 임금을 섬기게 하며, 새, 짐승, 나무, 풀의 이름을 많이 알게 한다"(『논어』, 양화陽貨)고 하였다. 공자가 시의 유용성을 강조한 말이다. 공자는 또 아들 백어(伯魚)에게 『시경』의 주남(周南), 소남(召南)을 배웠느냐고 묻고, 사람으로서 주남, 소남을 배우지 아니하면 참으로 장벽 앞에 서 있는 것과 같다(『논어』, 양화陽貨)고 하였다. 아들에게 『시경』의 백미(白眉)인 주남, 소남의 독서를 강조한 것이다.

또한 공자는 평소 노래를 좋아했고 음악에 대해서도 깊은 이해를 가지고 있었다. 그는 남과 더불어 노래를 부를 때면 반드시 노래를 잘한 사람에게 다시 한 곡을 더 부르도록 요청했다.(『논어』, 술이述而) 공자가 제나라에 있을 때는 순임금의 소악(韶樂)을 듣고 배우느라 석 달 동안이나 고기 맛을 잃었다고 하며, 음악의 아름다움이 이렇게 극진한 줄은 미처 생각하지 못했다고 술회하였다.(『논어』, 술이述而) 또 음악사 지(摯)가 처음 관저(關雎)의 곡을 정리할 때 공자는 그 음곡이 바다 물결처럼 귀에 가득하다는 감상의 소감을 밝히기도 하였다.(『논어』, 태백泰伯) 또 공자는 순임금의 음악인 소무(韶舞)를 써야 하며 음탕한 정(鄭)나라의 음악은 추방해야 한다고 평하기도 하였다.(『논어』, 위령공衛靈公) 이와 같이 공자는 예술 문화에 대해 상당한 식견을 가지고 있었다. 유학은 그 자체가 문학이나 역사와 하나로 통섭해 있다. 그뿐 아니라 유학은 넓게 보면 철학일 뿐 아니라 문학, 역사, 정치, 예술, 교육, 경제, 사회를 아우르는 종합적인 학문이라 할 수 있다. 유학은 철학과 예술의 접목을 이상적으로 생각하는 것이며, 도덕 이성과 감성, 욕망의 아름다운 조화를 원한다. 감성이 천박하다고 무시하는 것도 아니고 욕망이 더럽다고 버리는 것도 아니다. 도덕, 예의를 통해 감성과 욕망이 잘 어우러졌을 때 진정한 인간미가 창출되는 것이요, 여기에 인간의 멋진 문화와 아름다운 문화가 창조된다. 예의 도덕은 예술 문화를 통해 보다 아름다워지고, 예술 문화는 예의 도덕을 통해 보다 순정해진다. 예의와 예술이 상극이 아니라 상호 보완이며, 피차의 만남을 통해 보다 성숙해지고 완성된다는 점에서 유학은 빛난다. 형식적인 예의 도덕에 매몰된 유학자가 아니라 기쁨에 활짝 웃고 불의에 저항하며 슬픔에 눈물을 흘릴 줄 아는 멋진 유학자가 요청된다. 총명한 지성과 반듯한 덕성을 지니면서도 울 줄 알고 웃을 줄 알며, 분노하고 각오할 줄 아는 그런 인간상이 유학이 말하는 진유(眞儒)요 대장부(大丈夫)이다.

5
'인간'을 위한 세상

유학의 궁극적인 목적은 '인간을 위한 세상'을 만드는 데 있고, 인간이 살 만한 세상을 만들자는 것이요, 인간이 인간답게 대접받는 세상을 만들자는 것이다. 인간이 가장 귀하게 여겨지는 그런 세상을 만드는 데 있다. 인간이 주인이 되는 그런 세상을 만들자는 것이다.

이 세상은 크게 보면 신, 자연, 인간, 기타 동식물과 사물들로 이루어진 세상이다. 신의 영역은 논란의 여지에도 불구하고 믿음의 영역이라고 생각한다. 다만 유학의 입장에서 보면 조물주 내지 조상신의 관점에서 신을 상정하게 된다. 내 생명의 근원이요 만물의 창조자이시다. 그가 누구인지는 유학의 입장에서는 중요하지 않다. 남성인지 여성인지 이름이 무엇인지 얼굴 색이 어떠한지 중요하지 않다. 다만 내 생명의 궁극적 근원이요 나의 존재근거다. 그가 없으면 내가 존재하지 않는다. 그래서 고맙고 고마운 존재다. 인간에게 길흉화복을 주는 그런 신통력이 없어도 좋다. 또 우리에게 깜짝 놀랄 그런 신비로움이 없어도 좋다. 다만 생명의 근원이기에 감사하고 경외롭고 공경할 뿐이다.

그런데 한편에서는 신의 입장에서 세상사를 논하는 사람들이 분명히 존재한다. 그들은 신의 전지전능한 능력에 감동하고 신의 완전성에 정신을 잃고 신의 미래 축복과 복음에 푹 빠져 있다. 신을 믿고 신에 의지해서 이 세상을 살아간다. 나의 존재 의미도 신을 통해 이해되고 나의 삶도 신에 의해 인도되어진다. 나는 유한한 인생으로 무지하고 죄 많은 존재다. 내 힘으로 무엇도 할 수가 없다. 오로지 신에 의지해 이 세상을 살아가야 한다. 이러한 입장에 서는 많은 사람들과는 달리 또 다른 한편에서는 자연의 신비와 자연의 위대함에 미쳐 자연과 더불어 사는 삶을 주장한다. 이러한 자연주의 중심의 삶에서는 인간은 왜소해진다. 영원한 시간 속에서의 나, 무한한 우주에서의 나는 너무도 작고 너무도 시간이 짧다. 기껏해야 백년 세월 잠깐 왔다 가는 인생이다. 영원의 시간에서 보면 잠깐 한숨 자고 난 시간이요, 우주 공간에서 보면 티끌 같은 나의 존재다. 그 속의 나는 참으로 미미하고 작고 부족하다. 거대한 우주 자연의 질서 앞에 놓인 작은 개미가 아닌가? 인간이여, 자신의 하찮은 머리를 써서 무엇을 만들고 고치고 하는 부질없는 짓을 하지 말라고 말한다. 무위자연(無爲自然)의 메시지다. 인간이 마음을 써서 무엇을 고치고 만들고 하자마자 자연은 더욱 파괴되고 인간은 더욱 불구가 된다는 것이다. 인간의 지혜보다는 자연의 법칙에 충실하라고 가르친다. 인간의 마음보다 자연의 순리를 좇으라고 말한다. 이 관점에서 보면 인간은 참으로 보잘 것 없는 존재다. 그리고 인간의 노력이라는 것이 부질없고 별수 없다. 자연에 맞게 자연에 따라서 사는 삶을 우리에게 가르친다. 그리고 이 입장에서 보면 인간이나 개나 소나 지렁이나 소나무나 모두가 하나의 동포요 형제다. 인간이 별로 잘난 것도 없다. 함께 살아가야 할 형제들이다.

이렇게 신을 바라보고 신에 의지해 사는 삶의 방식, 자연에 의지해 자연과 더불어 살아가려는 삶의 방식과는 달리 유학은 인간에 의한 인간을 위한 인간의 세상을 추구한다.

유학은 인간이 신과 자연의 조화적 존재라고 생각한다. 천이란 종교적 관점에서는 신이고 물리적 관점에서는 자연이다. 어차피 인간은 천의 자식이요 자연의 산물이다. 그래서 인간은 하늘을 아버지로 삼고, 땅을 어머니로 삼는다고 생각한다. 많은 철학자들은 인간과 신, 인간과 자연의 관계에 대해 성찰해 왔다. 어떻게 보면 이 문제야 말로 철학의 성격과 지향을 잘 보여주는 핵심적인 과제라고도 할 수 있다. 유학은 신에 대해서도 불가근불가원(不可近不可遠)의 입장에 서 있다. 공자는 귀신을 공경하되 멀리하라(『논어』, 옹야 雍也)고 하였다. 인간을 초월한 존재라고 보면 신은 인간의 위에 있다. 그러나 그 신은 믿음의 존재일 뿐 사실이 아니라고 할 때 인간의 위상은 다시 존중되지 않을 수 없다. 유학은 자연에 대해서도 부모처럼 경외한다. 내가 태어나 살다가 돌아갈 곳이 자연이기 때문이다. 그러나 그 자연의 주인은 인간이라고 볼 때 역시 인간의 위상은 새롭게 인식되지 않을 수 없다. 유학은 신과 자연과의 조화를 추구하고 그들과의 불가분적 관계를 인정하지만, 이 세상의 주인은 인간임을 잊지 않는 데 특징이 있다.

『중용』에서는 인간과 자연과의 공존을 이렇게 설명하고 있다. 만물이 함께 육성되지만 서로 해치지 않고, 도가 함께 운행되지만 서로 어긋나지 않는다. 이 세상의 모든 것들은 저마다 자기 삶을 영위하며 살아가지만 남을 해치지 않고 공존한다. 또한 이 세상의 모든 것들은 저마다의 갈 길을 함께 가고 있지만 서로 갈등하지 않는다. 이런 말은 언뜻 이해되지 않는 측면이 있기도 하다. 이 세상은 서로 먹고 먹히고 상쟁과 갈등이 반복되는데 어찌 공존하며 싸우지 않는다고 하는가? 이 세상은 인간을 정점으로 한 먹이사슬의 구조다. 살기 위하여 남을 먹지 않을 수 없다. 살기 위해 남을 먹어야 하는 것, 생존을 위한 타의 희생은 불가피하고 부득이하다고 본다. 유학의 입장에서는 인간이 살기 위해 여타 생물들에 대한 살생은 불가피하다고 보는 것이다. 만약 이를 부정하고 인간과 여타 다른 생물들을 동일한 위상에서 본다면 우리는 그 무엇도 먹어서는 안 될 것이다. 그것은 도덕적으로 인간이 자연에 끼치는 해악이 되기 때문이다. 그러나 유학은 이 세상이 인간을 위한 세상으로 확신한다. 신과 자연과 더불어 살지만 궁극적으로는 인간을 위해 사는 것이고 인간을 위한 세상이다. 이런 관점에서 유학은 정치도 인간을 위한 정치라야 한다고 생각한다. 정치의 목적과 가치가 인간에 있다. 경제도 마찬가지다. 돈, 물질, 경제란 왜 존재하는가? 결국 사람을 위해 존재하는 것이다. 인간의 행복을 위해 돈이 필요하고, 인간의 인간다운 삶을 위해 물질이 요청되는 것이다. 오늘날 현대사회는 돈을 벌기 위해 사는 사람들이 많고, 돈 때문에 죽는 사람도 많다. 돈이 인간의 행복을 위해 사용되어야 하는데, 도리어 인간이 돈을 위해 사는 것이 되고 만다. 행정도 마찬가지다. 시장, 군수, 면장이 왜 필요한가? 세무서, 경찰서, 법원, 병원이 왜 필요한가? 모두가 인간을 위해 존재한다. 인간을 위한 세무 행정이 되어야 하고 인간을 위한 치안 행정이 되어야 한다. 또 인간을 위한 사법행정이 되어야 하고 인간을 위한 복지 행정이 되어야 한다. 인간이 버림받은 행정, 인간이 소외된 행정은 가짜요 군더더기다. 오늘날 우리 사회의 반칙과 비리는 모두가 인간을 생각하지 않고 인간을 위하지 않는 데서 생긴 것이다. 이 세상에 가장 존귀한 가치가 바로 인간이다. 인간보다 더 위대한 가치는 없다.

그런데 인간을 위한 세상은 혼자서 가능한 것이 아니다. 인간은 본래 남과 더불어 살아가야 하기 때문이다. 유학은 인간을 사회적 존재로 보아 왔다. 그 최초의 사회가 바로 가정이다. 가정에서 사회 나아가 국가와 세계로 확장해 나가는 구도를 생각해 왔다. 이것이 수신, 제가, 치국, 평천하의 질서다.

유학은 개인의 수양이나 개인의 완성이 기초가 되고 중요하다고 보지만, 거기에 머물러서는 안 된다고 생각한다. 개인은 늘 사회를 걱정하고 공동체에 대한 근심걱정을 해야 한다. 이것이 유학에서 말하는 이른바 우환 의식이다. 진정한 유학은 나라와 백성에 대한 우환 의식을 기초로 한다. 유학은 애당초 세상사의 문제를 회피하지 않고 자신의 일, 사명으로 삼고 묵묵히 짊어지고 가는 데 특징이 있다. 세상사를 결코 부질없는 것으로 보지 않는다. 정치, 경제, 국방, 외교, 문화, 과학, 기술, 의료, 복지, 행정, 농업, 수산업 등 모든 세속의 일들이 우리에게 없어서는 안 될 소중한 가치를 갖는다고 보았다. 여기에는 이해관계가 따르고 선악이 관계되고 성공과 실패가 수반되는 것이다. 유학은 이 더러운 세속의 짐을 결코 피하지 않는 것이고, 이 무거운 책임을 결코 외면하지 않는 것이다. 오히려 세속의 중심에 서서 세속의 주체로서 세속의 행복과 평화를 위해 묵묵히 수행해 가는 데 특징이 있다. 따라서 유학의 입장에서는 세속을 떠나 홀로 행복을 찾는 것은 이기적으로 보이고, 세속을 더럽다고 피하는 것도 옳지 않다고 여긴다. 그것은 인간은 세속을 떠나서는 결코 살아갈 수 없기 때문이다. 이런 관점에서 유학은 분명 세속의 철학이요 세속의 가르침이다.

유학은 나로부터 가정, 사회, 국가, 세계로 향하는 질서가 저마다 바르게 질서 지워야 한다고 생각한다. 개인의 올바름, 가정의 올바름, 사회의 올바름, 국가의 올바름, 세계의 올바름이야말로 유학이 추구하는 이상이다. 여기서 올바름은 정의의 가치가 실현되고 저마다의 정당성이 실현됨을 의미한다. 공자의 정명(正名)은 이를 말한다. 임금은 임금답고 신하는 신하답고 부모는 부모답고 자식은 자식다워야 한다.(『논어』, 안연顏淵) 내가 살아갈 공동체는 서로 연결되어 있다. 오늘날 지구촌도 하나의 환경으로 연결되어 있다. 여기서 정치의 역할이 매우 중시된다. 개인을 넘어서서 사회의 공동적 질서 확보와 행복의 실현이 추구된다. 물론 치자의 역할과 피치자의 역할이 모두 중요하다.

유학은 인간을 위한 세상을 만들기 위해 정치가 바르게, 멋있게, 아름답게 실현되어야 한다고 생각한다. 이를 위해 피치자 즉 백성의 지적, 도덕적 수준을 끌어올려야 한다. 왜냐하면 백성의 지적 수준이나 도덕적 수준이 곧 국가의 힘이 되기 때문이다. 유학은 이를 위해 많은 노력을 기울여 왔다. 『대학』에서 말하는 신민(新民) 내지 친민(親民)이 이것이다. 백성을 지적으로 개명하게 하고 도덕적으로 올바르게 만들어야 한다. 이를 위해 교육이 필요하고 교화가 필요하다. 유학은 인간의 존엄을 알고 인간다운 길을 걷고 인간다운 대접을 받는 그런 세상을 이루고자 한다. 여기서 가정의 도덕화, 사회의 도덕화, 국가의 도덕화, 세계의 도덕화가 요청되는 것이다. 여기서 말하는 도덕화는 곧 인간이 인간으로서의 존엄성을 인정받으며 인간다운 길을 걸어야 한다는 것을 의미한다. 그리고 도덕화는 인간의 진실, 양심, 정의가 존중되고 실현되는 그런 것을 의미한다. 설사 물질적 풍요가 보장되고 최고의 복지가 실현되어도 인간의 존엄이 존중되지 않고 인간의 정의가 실현되지 않으면 그것은 무의미하기 때문이다.

6
'백성'을 위한 정치

    유학이 불교나 도가와 차별화되는 중요한 요인이 바로 정치에 있다. 도가나 불교가 설사 정치를 말하고 현실에 대해 관심을 갖는다 해도 유학에 비하면 훨씬 소극적이다. 그것은 유학이 도가나 불교에 비해 현실적이며 현세의 문제를 중요하게 생각하고 있기 때문이다. 앞서 얘기 했듯이 이 세상의 문제는 결국 광의의 정치로 귀결된다. 유학에서는 경세제민(經世濟民), 경국제세(經國濟世)의 줄인 말로 '경세(經世)'라는 표현을 쓴다. 경세란 광의의 정치라는 말이며 구체적으로는 정치, 경제, 국방, 교육, 문화, 과학, 기술, 산업 등 제반의 영역을 포괄하는 개념이다. 유학은 개인은 국가를 통해 보호받고 국가는 개인을 기초로 성립한다고 본다. 개인과 국가는 유기적으로 연결되어 있고, 상호 보완적 관계에 있다. 현대사회는 지나치게 개인주의적 경향을 갖고 있으며, 독재국가나 권위주의 체제에서는 국가를 중심으로 한다.

유학은 개인적 수기와 사회적 봉사의 겸비를 추구한다. 이것이 유학이 흔히 말하는 수기치인(修己治人)이요 내성외왕(內聖外王)이다. 유학은 개인의 수양, 개인의 완성을 통해 사회적 실현으로 나아간다. 진정한 유학자는 자기 수양에만 머물러서는 안 된다. 자신의 능력을 발휘하여 사회, 국가, 세계 인류를 위해 봉사해야 한다. 그러므로 유학에서의 인간의 책무는 정치적 책무까지도 포함된다. 나라와 백성을 근심하고 걱정해야 한다. 국가의 안위를 노심초사 걱정하고 나라의 도덕적 건전성을 항상 성찰해야 한다. 또 나라의 경제적 발전과 복지의 내용을 살펴보아야 하고, 소외된 국민이 없는지도 살펴보아야 한다.

또한 유학은 정치의 내용에 있어서 도덕적 정의와 경제적 부가 함께 충족되어야 한다고 본다. 유학의 표현으로는 의리(義理)와 실리(實利)의 조화다. 개인도 의식주가 충족되면서 동시에 도덕적으로 흠결 없는 인간이 되어야 하듯이, 국가 사회도 모든 국민이 의식주가 충족되는 부강한 나라가 되어야 하는 동시에 도덕 윤리가 온 국민에게 펼쳐져 수준 높은 도덕 국가가 되어야 한다. 이것이 유학이 추구하는 이상사회요 천국이다. 『예기』에서는 이를 대동(大同) 사회라 했고 『맹자』에서는 이를 왕도(王道) 정치라 했다. 유학이 추구하는 대동 사회는 물질적 부와 도덕적 정의가 함께 실현되어 천하의 모든 것이 네 것 내 것 없는 공공의 사회가 된다. 그 어느 누구도 소외되지 않고 버림받지 않는다. 그러므로 불평불만이 있을 수 없고 도둑이나 강도 등 비행이 일어나지 않는다. 집집마다 문을 활짝 열어 놓고 살며 만족하고 자족하며 살아간다. 비록 이러한 대동 사회가 이상향이기는 하지만 그래도 기독교의 천국론이나 불교의 극락론보다는 훨씬 현실적이다. 그리고 우리에게 가까워 보인다. 유학은 이러한 대동의 유토피아가 이미 옛날 옛적에 역사적으로 실재했었다고 확신한다. 그것이 바로 중국 역사에 등장하는 요임금, 순임금의 이야기이며 요순시대의 이상이다. 맹자에 설명되는 요순 사회는 매우 소박하게 표현되지만, 정치의 본질에 있어서는 매우 높은 경지를 보여 준다. 요순의 덕이 훌륭해 백성들이 요순의 아들을 제치고 덕망 있는 자를 지도자로 추대하는 선양(禪讓)의 제도가 벌써 등장한다.(『맹자』, 만장 상萬章 上) 일종의 평화적 정권 교체의 전통이 시작되고 있다. 그리고 요순은 인간의 착한 본성을 통해 백성을 다스린 것으로 소개된다. 유학에서의 정치란 하늘로부터 주어진 착한 본성을 사회에 실현하는 것에 불과하다. 이것이 명덕(明德)을 천하에 실현한다는 것이다. 그리고 요순의 정치는 인간의 본연한 본성인 인의(仁義)를 자연스레 드러낸 것이라 하고, 인위적으로 인의를 행하고자 한 것이 아니라 하였다.(『맹자』, 이루 하離婁 下) 여기서 유학의 이상인 요순의 정치는 도가와도 소통될 가능성을 갖는다. 인의의 실현이 억지로 한 것이 아니라 인간 본연의 인의를 자연스레 나타냈을 때 그것이 왕도가 되고 인정이 된다는 말이다.

유학은 성공적인 정치를 위해 치자의 자질이 매우 중요하다고 생각한다. 이것이 제왕교육이다. 성학(聖學)을 권면하고 지도자로서의 마음공부를 강조한다. 특히 치자의 도덕성은 백성의 존경과 신뢰를 받는 첩경이다. 또한 사심(私心)의 극복을 강조한다. 치자가 사사로운 이해에 얽매이고 사리사욕에 치우치면 정치의 공정성이 무너지고 민심이 이반된다. 치자의 도덕성과 신뢰는 곧 치자의 권위에 직결된다. 백성들로부터 존경과 신뢰를 받게 되면 정치적 권위가 세워지고 그만큼 힘이 있게 된다.

왕도 정치는 치자와 피치자 간에 소통되고 정치적 동질성이 확보되어진다. 치자의 아픔이 곧 백성의 아픔이 되고 백성들의 기쁨이 곧 치자의 기쁨이 된다. 치자와 피치자의 정치적 목적이 상반될 때 갈등과 상쟁이 시작된다. 그러므로 유학의 왕도 정치는 차마 못하는 사람의 마음으로 차마 못하는 사람의 정치를 해야 한다고 말한다.(『맹자』, 공손추 상公孫丑 上) 백성 한 사람의 아픔을 아프게 생각하고 백성 한 사람의 생명을 귀하게 여기는 데서 왕도 정치는 출발한다. 임금이 백성을 인간답게 대접해 주면 백성들도 임금을 걱정한다. 가장 바람직한 정치는 임금과 백성이 하나가 되는 정치다. 임금의 마음을 백성들이 이해해 주고 백성들 또한 임금의 마음을 헤아려 주면 임금과 백성이 하나가 된다. 이와 반대로 임금은 임금, 백성은 백성으로 서로 갈라서게 되면 서로 불신하고 대립하게 된다. 유학은 이 과정에서 치자의 모범이 중요하다고 보는 것이다. 그러므로 치자는 아무나 되어서는 안 되고 반드시 덕망을 갖춘 이가 되어야 한다. 성인과 같은 인품을 지닌 이가 왕이 되어야 한다고 보는 것이다. 이를 성왕(聖王)이라 한다. 마치 플라톤의 철인 군주론을 방불케 한다. 성인이 왕이 되든가 왕이 성인의 인품과 자질을 갖추어야 한다는 것이다.

또한 왕도 정치는 백성과 더불어 함께하는 데 의의가 있다. 현대 민주정치가 국민의 참정을 매우 중시하듯이 왕도 정치도 백성의 참여를 매우 중요하게 생각한다. 맹자는 여민동락(與民同樂)을 말하여 백성들과 함께 더불어 즐길 것을 말하였다. 임금이 공원을 만들어 놀이를 일삼더라도 백성들과 함께하면 백성들은 불평하지 않는다. 또 임금이 재화를 좋아하더라도 그 재화를 백성들과 함께 사용한다면 백성들은 불평하지 않는다. 심지어 임금이 여색을 밝혀도 백성들로 하여금 그들이 저마다 짝을 찾아 한 가정을 이루어 행복하게 산다면 불평할 리 없다는 것이다.

예의 문화가 꽃피는 수준 높은 나라

유학은 물질적으로 풍요롭고 경제적으로 윤택한 나라도 중요하지만, 이와 더불어 예의 문화가 꽃피는 수준 높은 나라를 이상으로 삼는다. 유학은 인간의 본성으로 인의예지를 말하지만 그 본성을 실현하는 질서를 예의라 부른다. 예의는 인간의 존엄을 근본으로 삼는다. 타인의 인격을 존중하고 남의 이해하고 배려하는 데 예의 근본정신이 있다. 예의라는 개념 속에는 인간이 지켜가야 할 기본적인 도리, 윤리라는 의미가 포함되어 있다. 법이 아닌 예의 문화로서 사회질서를 지탱해 가고 국가통치를 해야 한다는 높은 뜻이 담겨져 있다. 예의는 인간의 자연스런 질서 체계다. 누가 시켜서가 아니라 도덕 이성의 발로에 따라 인간 스스로 지켜가는 질서다. 자발성을 전제로 하고 양심의 부끄러움을 전제로 한다. 이 점에서 법보다 훨씬 강한 힘을 갖는다. 그리고 예의 문화에 의한 질서가 법에 의한 질서보다 훨씬 강하고 튼튼하다. 예의 문화가 튼튼하면 법문화의 실현은 자연스레 쉬워진다.

현대 국가들이 법치를 이상으로 삼고 있지만 그 한계가 드러나고 있지 않은가? 아무리 법을 정교하게 만들어 법망을 촘촘하게 만들어도 범죄는 줄어들지 않는다. 범죄는 더욱 교묘해지고 지능화되어 간다. 그리고 범죄자의 죄의식은 점점 없어지고 도덕적 해이로 이어간다. 법은 강화하면 할수록 권위를 잃게 되고 나중에는 지키지 못할 법, 죽은 법이 되고 만다.

유학은 인간 사회가 도덕 이성에 의해 자율적으로 질서 지어져야 한다고 생각한다. 인간 저마다 자신의 도덕률에 의해 남을 상대하고 사회적 성원으로 적응해 가야 한다고 보는 것이다. 이것은 인간의 마음 바닥에 존재하는 양심에 의해 사회가 유지되고 국가가 지탱됨을 의미하는 것이다. 이를 위해 인간은 늘 부끄러워하고 마치 하느님이 내 곁에서 보고 계시고 내 위에서 감시하고 있다고 보아 경계하고 삼가야 한다는 것이다. 이것이 『대학』에서 말하는 신독(愼獨)이다. 우리는 남들이 보는 앞에서는 조심을 하지만 홀로 있을 때는 함부로 행동하고 처신한다. 유학은 우리에게 홀로 있을 때를 조심하고 경계하고 삼가라고 가르친다. 또 경(敬)의 가르침은 우리에게 사사로운 욕심으로부터 자유로워지기를 바라고, 온갖 욕망과 욕구로 흔들리는 마음을 고요하게 하나로 바로 잡을 것을 요청한다. 예의 문화는 개인의 도덕적 수준과 맞물려 있다. 일상적인 예의 문화가 습관화되어야 사회 전체의 예의 문화가 이루어질 수 있다. 중국의 고대 문헌에는 중국인들이 우리 겨레를 동방예의지국으로 칭찬하고 또 군자국(君子國)으로 부른 것을 볼 수 있다. 『후한서(後漢書)』「동이전(東夷傳)」에 의하면 동이(東夷)들은 천성이 유순(柔順)하여 군자가 끊이지 않는 나라에 이르렀다고 말하고, 또 동이는 제기(祭器)를 사용했는데 만약 중국이 예(禮)를 잃는다면 이 예를 동이에게서 찾아야 한다 하였다. 『산해경(山海經)』에서도 동이를 군자국이라 부르고, 그들은 옷을 입고 관을 쓰고 띠를 두르고 칼을 찼다고 적고 있다. 『논어』「자한편(子罕篇)」에서는 공자가 구리(九夷)에 가서 살고 싶다고 하자, 어떤 이가 "거기는 누추한 곳인데 어찌 가시려고 합니까?" 하고 만류하였다. 이에 공자는 "군자가 사는 곳이니 어찌 누추함이 있겠느냐" 고 대답하였다. 또 『논어』「공야장편(公冶長篇)」에서는 공자가 "도가 행해지지 못하면 뗏목을 타고 바다를 건널지니, 나를 좇을 자 자로(子路)로다" 라고 말한 바 있다. 이상의 문헌을 통해 동이(東夷)가 군자국(君子國) 내지 군자불사지국(君子不死之國)으로 불리고 있음을 알 수 있다. 군자는 유학이 추구하는 바람직한 인간상이다. 군자는 곧 어진 사람으로서의 인인(仁人)이다. 이 군자는 바로 예의의 실천자다. 예의에 바른 사람, 예의를 실천하는 사람이 바로 군자다.

유학이 21세기 이 시대에 왜 필요한가? 그것은 수준 높은 예의 문화를 실현키 위해 더욱 필요하다. 현대 사회가 물질적으로 풍요하면 할수록, 과학기술이 발전하면 할수록 예의 문화는 더욱더 요청된다. 물질을 보다 유용하게 과학기술을 보다 유용하게 활용할 수 있는 기반이 예의 문화에 있기 때문이다. 예의 문화는 결국 인간의 가치와 존엄을 보여 주는 중요한 실례다. 그리고 동물이나 식물과 차별화되는 바가 이 예의 문화에 있다. 유학이 추구하는 이상 세계는 바로 예의 문화가 활짝 꽃핀 세상이다. 사람과 사람들이 서로 예의를 지키니 미워하고 싸울 일이 없다. 예의를 지키니 서로 웃고 기분 좋은 하루를 시작한다. 이 예의는 가정에서도 활짝 핀다. 부모와 자식의 예의가 실현되면 이른바 부자유친이 된다. 형과 아우, 언니와 동생이 예의를 지키면 장유유서가 된다. 남편과 아내가 예의를 지키면 부부유별이 된다. 가정이 예의로 가득차면 가도(家道)가 바로 서서 건강한 가정이 이루어지고 제가(齊家)가 실현된다. 예의가 사회적으로 실현되면 나와 너, 남성과 여성, 노인과 젊은이, 노(勞)와 사(使)가 서로 하나가 되어 원만한 관계를 이룬다. 상대의 인격을 존중하고 예의 염치를 갖고 세상을 살아간다. 약한 자, 불쌍한 자, 가난한 자를 배려하고 그들을 동정하고 사랑한다. 사회적으로 예의가 실현되면 사회정의가 실현되고 사회병리 현상이 치유되며 사회적 갈등이 해소된다. 그리고 예의 문화가 국가적으로 실현되면 온 나라가 품위 있는 나라로 거듭나며 수준 높은 문화국가가 실현된다. 모든 나라가 우러러보는 나라, 세계인이 존경하는 나라, 인간다움이 실현되고 보장되는 그런 나라가 예의 문화 국가이다. 물질적 경제 대국도 중요하고 군사대국도 중요하고 스포츠 강국도 중요하지만, 진정한 선진국, 자랑스러운 나라는 도덕으로 무장된 건강한 나라요 예의 문화가 활짝 핀 반듯한 나라다.

유학이란 무엇인가?

1. 유학의 성립과 전개

유학은 고대 중국에서 형성된 사상으로 불교, 도가와 더불어 동양철학의 중핵적 위치에 있다. 유학은 유가, 유도, 유교 등 다양하게 불리지만 대체로 혼용해 쓰고 있다. 다만 유교라 할 경우 종교적 색채가 짙으나 유학 자체가 종교성이 낮아 별 의미가 없다. 유학이 언제 어떻게 발생해 형성되었는가 하는 역사적 고찰은 나름대로 전문적인 연구가 필요하고, 또 많은 이론이 제기될 수 있다. 여기서는 개설적 관점에서 유학의 역사를 소개하고자 한다.

유학은 도통(道統)을 매우 중시한다. 도통이란 유학의 이념이 이어져 내려온 역사적 맥락과 계통을 말한다. 특히 맹자(孟子: B.C 372~289)에 의해 이 도통은 중시되어 왔고 유학이 중국역사에서 상당 기간 소외되었던 당나라 말기 한유(韓愈: 768~824)에 의해 더욱 강조되었다. 유학의 도통은 요(堯), 순(舜), 우(禹), 탕(湯), 문왕(文王), 무왕(武王), 주공(周公), 공자(孔子)로 표현된다. 당우(唐虞)시대로 알려진 요순시대는 유학의 역사에서 하나의 모델로 일컬어진다. 공자, 맹자는 유학의 이상을 요순에 두고 있다. 인간의 모범도 요순이고 정치의 본보기도 요순이다. 최소한의 정치를 통해 태평성대의 시대를 열었다고 소개된다. 이어 하은주(夏殷周) 삼대(三代)의 시대에 유학은 더욱 풍성해지고 발전한다. 우임금은 중국 역사상 국토의 개조 사업을 성공적으로 수행한 최초의 지도자로 추앙된다. 그는 자연을 개조하여 인문 세계를 창조한 선각자로 평가받고 그의 공익 정신은 존경을 받아 왔다. 탕 임금은 하나라의 폭군 걸(桀)을 내쫓고 혁명을 통해 집권하여 훌륭한 치적을 남긴 것으로 기록하고 있다. 이어 주나라 8백년의 역사가 시작되는데 문왕, 무왕, 주공을 통해 유교적 왕도 정치의 실험이 이루어졌다. 특히 주공은 주나라의 유교적 문화와 제도를 수립하는 데 크게 공헌한 인물로 평가받는다. 주나라가 쇠퇴하자 중국 천하는 이른바 춘추 전국 시대를 맞게 된다. 정치적으로는 혼란기였지만 사상적으로는 제자백가 시대로 다양한 철학과 사상이 분출되었다.

유학은 요순시대로부터 전승되어 온 중국의 전통문화 체계였다. 춘추 전국 시대에 노자(老子), 묵자(墨子), 양주(楊朱), 열자(列子), 장자(莊子) 등 제자백가와의 쟁투 속에서 공자, 맹자, 순자(荀子: B.C 298~238)에 의해 체계화되었다고 할 수 있다. 물론 이 과정에서 공자는 이전의 원시 유교 문화를 선별하여 가감하고 보완하여 집대성하는 데 크게 기여하였다. 즉『춘추(春秋)』를 짓고『주역(周易)』을 서술하였으며 예악(禮樂)을 개혁하였고『시경(詩經)』,『서경(書經)』을 가감하였다. 이러한 공자의 역할과 위상으로 우리는 공자를 유학의 개조(開祖)로 일컫는 것이다. 뿐만 아니라『논어(論語)』에 비치는 그의 언행은 많은 사람들에게 감동을 주었고 당대 최고의 지식인으로 존경과 추앙을 받았다. 특히 맹자는 그를 성인으로 추앙하고 인류가 생겨난 이래 그와 견줄 사람이 없다고 칭송하는가 하면, 그 스스로 공자를 배우는 것이 소원이라고 하였다. 맹자에 의하면 당시 중국에는 묵자의 겸애(兼愛)사상과 양주의 위아(爲我)주의가 천하를 양분했던 것으로 보인다. 맹자에 의하면 묵자의 겸애사상은 너와 나를 가리지 않는 평등한 사랑을 표방하며 전체 지상의 구호를 내걸었고, 양주의 위아사상은 개인지상의 구호를 내걸어 모두가 이단이었다고 한다. 이에 맹자는 묵자의 겸애와 양주의 위아를 이단으로 규정하고, 공자의 유학 사상을 천명하여 유학의 당위성과 정당성을 대중에게 설득하는 데 성공하였다. 이러한 맹자의 공헌은 오랫동안 후배 유학자들에 의해 칭송되어 왔다.

그런데 공자는 많은 제자들에게 강학을 했던 교육자요 학자였다. 따라서 그의 문하에 훌륭한 유학자들이 많았으니 안연(顏淵), 민자건(閔子騫), 염백우(冉伯牛), 중궁(仲弓), 재아(宰我), 자공(子貢), 염유(冉有), 계로(季路), 자유(子游), 자하(子夏) 등이 대표적이다.『사기』에 의하면 그의 문하에 제자가 무려 3천여 명이었다 하고, 그 가운데에 육경(六經)에 통달한 제자만 해도 무려 72인이었다고 한다. 공자는 그의 제자들뿐만 아니라 주변의 존경을 받아 당시 살아있는 신처럼 생각하였다 한다.

공자의 유학 사상은 한편 맹자에 의해 계승되고, 또 다른 한편으로는 순자에 의해 계승되었다. 맹자는 성선설(性善說)을 주장하고 순자는 성악설(性惡說)을 주장하였는데, 이는 인간의 두 측면 즉 신체와 정신, 영혼과 육신을 놓고 어느 한 쪽에 치우쳐 인간의 성을 보았기 때문이다. 맹자는 선천적으로 인간에게는 도덕적 양심을 가지고 있는데 이는 본래 선한 것이라 하였다. 이에 대해 순자는 인간은 본성은 본래 악한 것이고 선이란 후천적으로 만들어지는 것이라 하였다. 따라서 맹자의 철학 사상은 이상주의적 색채가 짙다면, 순자의 경우는 현실주의적 색채가 짙다. 맹자는 그밖에도 왕도 정치 사상을 통해 당시 혼란한 정치 질서를 바꾸는 데 많은 노력을 하였다. 한편 순자의 경우는 인간의 도덕적 양심만으로는 사회질서 유지가 어렵다고 보고 강력한 예치(禮治)의 필요성을 강조해 그의 문하생들에 의해 법치의 길을 예비하였다. 특히 순자는 기존의 유학자들이 천을 종교적으로 이해하고 인간의 길흉화복에 영향을 미친다고 보는 것에 반대하고, 천은 천이고 인간은 인간이어서 전혀 관계가 없다고 보았다. 이러한 순자의 천과 인간의 관계 인식은 매우 혁명적인 것이며 근대적인 관점에 서 있는 것이다.

그런데 공자, 맹자 이후 당나라 말기, 송나라 초기까지 약 1100여 년간 중국 역사에서 유학은 주류가 되지 못했다. 이 시기 중국의 사상계를 대표한 것은 불교와 도가였다. 송나라 초 주돈이(周惇頤: 1017~1073), 소옹(邵雍: 1011~1077), 장재(張載: 1020~1077), 정호(程顥: 1032~1086) 정이(程頤: 1033~1107), 주희(朱熹: 1130~1200) 등 저명한 유학자들이 나와 공맹유학이 왜 중국의 지식인들에게 환영받지 못하는가에 대한 반성이 일기 시작하였다. 그리하여 불교와 도가와의 교섭 하에 유학의 새로운 변신이 시작되었다. 종래 윤리적 차원의 유학에서 보다 논리적이고 사변적인 유학으로 탈바꿈되었으니 이것이 성리학(性理學)이요 주자학(朱子學)이다. 성리학은 종래 사서삼경, 사서오경의 유학에 기반하고 있지만, 이를 보다 높은 차원에서 심화시키고 치밀한 논리체계로 재구성한 개혁적 유학이다. 특히 성리학의 초점은 인간 내면의 심성에 대한 철학적 탐구에 있다. 즉 인간의 마음, 본성, 감정, 의지 등의 이기론적(理氣論的) 해석과 이들 상호 간의 관계, 그리고 선악의 문제 등이 논의의 초점이다. 성리학의 일차적 관심은 인간 자아에 대한 내면적 성찰이다. 이 세상의 모든 문제는 인간이 하는 것이고, 그 인간의 마음이 중요하기 때문이다. 마음에 따라 행위가 선이 되고 악이 되며, 행복과 불행이 되기 때문이다. 물론 성리학이라 하더라도 나라와 백성에 대한 경세적 관심을 소홀히 하는 것은 결코 아니다. 특히 조선조의 중심 이념이 되어 온 것이 성리학이라는 점에서 한국유학사에서 성리학이 차지하는 비중은 매우 크다.

중국 명대에는 양명학(陽明學)이 유행하였다. 송대 육구연(陸九淵: 1139~1193)에 이어 명대 왕수인(王守仁: 1472~1528)에 의해 체계화된 양명학은 일명 육왕학(陸王學)이라고도 불린다. 양명학은 성리학이 지나치게 분석적이고 사변화되어 그 실천성이 결여되고 관념적으로 흐르는 병폐에 대한 대안으로 대두되었다. 성리학이 객관적인 이치를 중시한다면 양명학은 인간 주체의 마음을 중시하였다. 특히 도덕적 주체로서의 양지(良知)의 계발을 통해 형식에 매이지 않는 사고와 행위를 적극 권장하였다. 또 지행합일(知行合一)을 주장하여 실천성을 강조하고 개방적 자아의 창조적 발휘를 추구하고, 전인적, 통합적인 세계 인식을 추구하였다. 그러나 어느 일면에서는 불교적 색채가 있는 유학이라 하여 조선조에서는 이단시하여 배척되기도 했다. 청대에는 실학(實學)이 하나의 학풍으로 유행하였는데 이를 고증학(考證學) 또는 청대학술이라고도 한다. 명대 양명학도 실천을 강조하고 진실한 마음의 확보를 강조하였지만 뒤에 가서는 말폐적 현상이 나타나게 되어 청대 실학의 등장을 가져오게 되었다. 청대 실학은 실용적 가치를 추구하고 실천성을 중시하며 학문의 고증을 강조하였다. 이러한 청대 실학은 고염무(顧炎武: 1613~1682), 황종희(黃宗羲: 1610~1695), 왕부지(王夫之:1619~1692), 안원(顏元: 1635~1704), 염약거(閻若璩: 1636~1704), 대진(戴震: 1723~1777), 완원(阮元: 1764~1849), 강유위(康有爲: 1858~1927) 등에 의해 발전해 갔다. 청대 실학은 한대 훈고학(訓詁學)의 계승이었으며 실사구시(實事求是)의 학문 정신을 중시하였다. 이기론적으로는 기학적 색채를 띠고 있었다.

이와 같이 중국에서의 유학은 시대적으로 다양한 이름으로 불리어졌고, 각기 그 시대의 문제 해결에 대안적 의미를 갖는 것이었다. 우리는 공자, 맹자, 순자의 유학 즉 사서삼경, 사서오경의 유학을 선진유학(先秦儒學)이라 부른다. 그것은 진나라 이전의 고대유학이라는 의미이다. 그리고 송대의 성리학, 명대의 양명학, 청대의 실학을 신유학(新儒學: Neo-Confucianism)이라 부르는데, 이는 공맹유학이 새롭게 변화된 것으로 각기 특색을 지니고 있다.

유학은 수천 년 동안 중국을 비롯한 동아시아 가치의 중핵을 이루어 왔다. 특히 정치, 교육, 윤리적 측면에서 유학의 역할은 시대를 초월하여 기능하였다. 오늘날 세계화의 환경과 서구 문화의 범람 속에서 유학의 위상은 매우 작아졌고, 또 시대 변화에 대응하지 못한 문제점은 여전히 아쉬운 점이다. 그럼에도 불구하고 유학이 갖는 정기능적 측면과 유교 정신의 본질은 시대를 떠나 온 인류의 위대한 교훈으로 자리할 것이다.

2. 유학의 경전들

기독교에 성경이 있고 불교에 불경이 있듯이 유학에도 경전이 있다. 경전은 유학 사상을 담고 있는 교과서요 근본 교설이다. 우리는 흔히 유학의 경전을 사서삼경 또는 사서오경으로 부른다. 그러나 엄밀하게 말하면 유학의 경전은 모두 13경이다. 사서(四書)란 『대학(大學)』, 『중용(中庸)』, 『논어(論語)』, 『맹자(孟子)』를 말하고, 3경이라 할 때는 『주역(周易)』, 『시경(詩經)』, 『서경(書經)』을 말하며, 5경이라 할 때는 『주역』, 『시경』, 『서경』에다 『춘추(春秋)』와 『예기(禮記)』를 포함해 말한다. 전해오는 말에 의하면 본래 6경이 있었는데 『악경(樂經)』이 빠져 5경이 되었다는 설도 있다. 또 9경설도 있으니 『주역』, 『시경』, 『서경』에 세 가지 예서와 세 가지 『춘추』를 포함시켜 부르는 이름이다. 여기서 3예는 『주례(周禮)』, 『의례(儀禮)』, 『예기(禮記)』를 말하고, 『춘추』 3전은 『좌씨전(左氏傳)』, 『공양전(公羊傳)』, 『곡양전(穀梁傳)』을 말한다. 13경이라 할 때는 위 9경에 『효경(孝經)』, 『이아(爾雅)』, 『논어(論語)』, 『맹자(孟子)』를 포함해 부르는 이름이다.

먼저 사서(四書)에 관해 설명해 보기로 하자. 『대학』은 유학의 규모와 체계 그리고 차서(次序)를 설명한 책인데 작자는 분명하지 않다. 『대학』은 본래 『예기』 제42편으로 있던 것을 별도로 분리하여 하나의 단행본으로 만든 것이다. 주자에 의하면 『대학』은 경(經) 1장과 전(傳) 10장으로 구성되어 있는데, 경 1장은 공자의 뜻을 증자(曾子)가 서술한 것이고, 전 10장은 증자의 뜻을 그 제자들이 서술한 것이라고 한다. 『대학』에는 주자에 의해 편찬된 『대학장구』가 있고, 양명학파의 『고본대학』이 있다.

『대학』의 주된 내용은 유학의 체계를 수기치인(修己治人)으로 나누어 설명하였다. 또한 수기의 내용을 지행(知行)으로 나누고, 지(知)는 격물치지(格物致知)로, 행(行)은 성의정심(誠意正心)으로 설명한 것이다. 그리고 치인의 내용은 제가(齊家), 치국(治國), 평천하(平天下)로 설명하였다. 개인의 완성과 사회적, 정치적 왕도(王

道)의 실현을 유기적으로 보는 데 특징이 있으며, 수기가 만사의 근본임을 강조한 것도 유념해야 할 필요가 있다.

『논어』는 공자의 언행과 사상을 알 수 있는 책으로 반고(班固)의 『한서(漢書)』 예문지(藝文志)에 의하면 공자가 제자들 및 여러 사람들과 문답한 내용을 당시 제자들이 모여 의논해 편찬한 책이라 한다. 이 책이야 말로 공자의 인격, 공자의 사상, 유학의 정신을 이해하는 데 가장 필요한 책이다. 『논어』의 내용은 유학의 중심 사상인 인(仁)과 유학이 추구하는 이상적 인간상 인 군자(君子)에 관한 것이 중심을 이룬다. 그러므로 『논어』를 인(仁)의 해설서라 부르기도 하고 군자학(君子學)이라고도 한다. 『논어』에 대한 해석서로는 위(魏)나라 하안(何晏)이 쓴 『논어집해(論語集解)』가 있고 또 송나라 주희(朱熹)가 쓴 『논어집주(論語集註)』 그리고 청대 유보남(劉寶楠)이 쓴 『논어정의(論語正義)』가 있다.

『맹자』는 맹자의 철학과 그의 정치사상을 알 수 있는 책인데, 맹자 자신의 저술이라는 설과 문인의 저작이라는 설이 있다. 『맹자』의 내용은 크게 보면 성선설과 왕도 정치 사상이 주류를 이룬다. 그밖에도 도통(道統) 이론, 호연지기(浩然之氣), 인의(仁義)의 윤리, 수양론, 심성의 분석 등 다양한 유학 이론이 등장한다. 맹자는 유학의 역사에서 말을 잘하는 이론가로 잘 알려져 있다. 그의 언어는 논리정연하고 설득력이 있으며 다양한 비유와 강약을 겸비하여 『맹자』 그 자체가 하나의 작품으로 감동을 준다. 공자의 학문과 사상을 추앙하며 유학의 정당성을 학문적으로 논증하는 데 주력하였다. 『맹자』의 해석서로는 후한(後漢)의 조기(趙岐)가 주(注)를 달고 송의 손석(孫奭)이 소(疏)를 쓴 『맹자주소(孟子註疏)』가 있고, 송대 주희의 『맹자집주(孟子集註)』, 청대 초순(焦循)이 쓴 『맹자정의(孟子正義)』가 있다.

『중용』은 『주역』과 함께 유학의 경전 가운데 가장 철학적인 책이고 심오한 이론이 담겨 있다. 『중용』은 『대학』처럼 본래 『예기』제31편이었던 것을 분리하여 하나의 단행본으로 만든 것이다. 『사기(史記)』에 의하면 『중용』은 공자의 손자인 자사(子思)가 지은 것으로 전한다. 『중용』의 내용은 전반부는 중용(中庸) 사상을 다루고 있고, 후반부는 성(誠) 사상을 다룬 것이다. 특히 『중용』맨 앞에 나오는 천명지위성(天命之謂性), 솔성지위도(率性之謂道), 수도지위교(修道之謂教)라는 문장은 유학의 철학적 이론 체계를 논리적으로 표현한 것이다. 하늘이 나에게 준 것을 성(性)이라 한다. 하늘이 나에게 주었다고 보면 명(命)이고 내가 그것을 받았다고 보면 성(性)이다. 천명(天命)이 곧 인성(人性)이다. 인성이란 천성이고 인간의 이치란 하늘의 이치다. 하늘은 바로 내 속에 있다. 인간은 작은 하느님이요 인간은 하늘의 모사품이다. 하늘같은 인간존재를 천명한 말이다. '솔성지위도'란 성(性)을 좇는 것이 도(道)라는 말이다. 하늘이 준 본성에 따르는 것이 인간이 가야 할 길이라는 말이다. 인도(人道)가 곧 천성(天性)을 좇는 데 있다. 그 말은 인간이 어떻게 살아야 하는가는 곧 나의 본성대로 사는 것이라는 말이다. '수도지위교'는 도(道)를 닦는 것이 교(敎)라는 말이다. 유학에서 말하는 교육이란 인도를 갈고 닦는 작업이다. 오늘날 영어, 수학 공부를 교육으로 아는 현실에서 유학의 교육 개념은 새로운 교훈으로 다가선다. 본성, 인도, 교육을 유기적으로 설명한 데서 『중용』의 깊이가 잘 드러난다.

5경은 대체로 『시경』, 『서경』, 『주역』, 『예기』, 『춘추』를 말하는데, 이에 관해 간략히 설명해 보기로 하자. 『시경』은 동주(東周) 이후 춘추 초기까지의 각종 노래를 모은 것이다. 처음 3천여 편이었던 것을 공자가 선별하여 300여 편이 되었다 한다. 『시경』에 들어 있는 노래들은 각 지방의 특색 있는 민요 시가인 풍(風)과 조정의 음악인 아(雅)와 선조에 대한 추모의 노래와 궁중음악인 송(頌)으로 이루어져 있다. 『시경』에는 『노시(魯詩)』, 『한시(韓詩)』, 『제시(齊詩)』, 『모시(毛詩)』 등이 있는데 조모공(趙毛公)이 전한 『모시』가 가장 유행하였다. 『시경』에 관한 해석서로는 한대의 정현(鄭玄)이 쓴 『모전(毛傳)』과 송대 주희가 쓴 『시집전(詩集傳)』이 있다. 유학이 문학인 『시경』을 경전으로 삼고 있다는 점에 대해 주목해야 한다. 이는 유학이 철학, 문학, 역사를 구분하지 않고 유학의 정신을 경전으로 삼고 있음을 의미하는 것이다.

『서경』은 한대(漢代)에는 『상서(尙書)』라 불렸고 송대 이후 『서경』이라 불렸다. 『서경』은 중국 고대 요순으로부터 주대에 이르기까지 제왕과 현자들의 공식 발언을 기록한 역사서이며 정치철학서이다. 『서경』은 『금문상서(今文尙書)』와 『고문상서(古文尙書)』가 있다. 『금문상서』는 한대 복생(伏生)의 집 벽속에서 나온 『상서』로 한대의 문자로 기록되어 있던 것으로 29편이었다. 『고문상서』는 공자의 옛 집에서 나온 『상서』로 선진시대의 고문자로 기록되어 있는데 45편으로 되어 있었다. 그 후 동진(東晉)의 매색(梅賾)이 『고문상서』 58편을 임금에게 올렸는데, 33편은 『금문상서』와 일치하고 25편은 『고문상서』와 일치하였다. 그 후 당 태종의 명에 의하여 『오경정의(五經正義)』가 편찬될 때 이 매색본이 정식으로 공인되었고 오늘날의 『서경』이 되었다. 『서경』에는 유학의 정치사상이 잘 표현되어 있다. 왕도 정치, 민본 사상, 천명 정치사상, 그리고 인심(人心)은 위태로우니 정밀하게 잘 살펴야 하고, 도심(道心)은 은미하게 숨어있으니 한결같이 잘 보존해야 한다는 중용을 잡으라는 16자 심법(人心惟危 道心惟微 惟精惟一 允執厥中 인심유위 도심유미 유정유일 윤집궐중)과 정덕(正德), 이용(利用), 후생(厚生)의 정치 삼사론(三事論), 오교(五敎)의 윤리 등이 담겨져 있다. 『서경』해석서로는 남송 때 주자의 사위인 채침(蔡沈)이 스승 주자의 명에 의해 쓴 『서경집전(書經集傳)』이 대표적이다.

　『주역』은 『역경(易經)』이라고도 부르는데 『중용』과 함께 가장 철학적인 경전이고 이해하기 어려운 경전으로 전해진다. 공자 자신이 그랬고 많은 유학자들이 평생 연구에 매진한 경전이 바로 『주역』이다. 『주역』은 철학, 정치, 교육, 윤리, 수리, 예언 등 다양한 내용을 담고 있는 책이다. 『주역』의 작자에 대해서는 이론이 분분한데, 주자는 복희(伏義)가 8괘(卦)를 그렸고 문왕이 64 괘사(卦辭)를 쓰고, 주공(周公)이 384 효사(爻辭)를 쓰고, 공자가 10익(翼)을 썼다고 전한다. 또 풍우란(馮友蘭)은 8괘와 64괘는 주초(周初)에 발명되었고, 은대(殷代)의 복서법(卜筮法)을 모방하여 발전하였고, 보완적인 해석은 한대(漢代)에 이루어졌다고 추측하고 있다. 이처럼 『주역』의 작자는 분명하지 않은데 단지 이 책은 오랜 세월과 여러 사람을 거쳐 이루어졌다는 것은 분명하다. 『주역』은 본문인 경(經)과 해설 부문인 전(傳)으로 되어 있는데, 전은 상전상하(象傳上下), 단전상하(彖傳上下), 계사전상하(繫辭傳上下), 문언전(文言傳), 설괘전(說卦傳), 서괘전(序卦傳), 잡괘전(雜卦傳)의 십익(十翼)으로 되어 있다. 『주역』은 복희의 작품이라는 8괘와 우임금이 그렸다는 낙서(洛書)와 효(爻), 괘(卦)를 기본으로 형성된 입체적인 글이다. 모든 만물을 8가지 기호로 정하고, 이를 기초로 중첩시켜 64괘를 만들고, 음효(陰爻), 양효(陽爻)로 이루어진 384효의 체계로 구성되어 있다. 『주역』은 철학적 진리를 괘효(卦爻)라는 공간적 상징과 시간적 수리로 설명하고 있다. 『주역』은 우주와 인생의 모든 원리를 64괘 384효의 구조 속에 포함시켜 해석하고 있으며, 이 속에서 정치 원리, 처세, 윤리적 선악, 이해관계, 성공과 실패, 행복과 불행 등 다양한 관점에서 해석을 하고 있다. 특히 『주역』은 이 세계를 음(陰)과 양(陽)이라는 상호 다른 것이 공존하는 입장에서 보고 있는 점이 특이하다. 이 음양의 대대(對待)논리, 상보적 논리는 현대에 있어서도 양극의 갈등과 대립을 해소할 수 있는 대안으로 중요한 가치가 있다.

그런데 『주역』의 해석에는 의리적(철학적)인 해석과 상수적

(象數的)인 해석으로 구분되는데, 왕필(王弼), 정이천(程伊川)은 전자의 경우에 속하고, 주자(朱子)나 한대의 학자들은 후자의 입장에서 해석하고 있다. 『주역』에 관한 해석서에는 왕필의 『역주(易註)』와 정이천의 『역전(易傳)』이 있다.

『예기』는 3예서 중의 하나로 공자 문하의 제자들과 주나라 말기로부터 한나라 초기에 이르기까지 여러 유학자들의 예설을 모은 것이다. 전한(前漢)의 대덕(戴德)이 214편을 85편으로 정리한 것이 이른바 『대대례기(大戴禮記)』인데 현재는 35편만이 전한다. 또 대덕의 조카인 대성(戴聖)이 85편을 삭제하여 다시 49편으로 만든 것이 현재의 『예기』로서 『소대례기(小戴禮記)』라 한다. 본래 46편이었는데 동한(東漢)의 마융(馬融)이 3편을 보충하여 49편의 『예기』가 되었다. 『예기』에 관한 해석서로는 후한(後漢)의 정현(鄭玄)이 주하고 당나라 공영달(孔穎達)이 소(疏)한 『예기정의(禮記正義)』 63권이 있다. 유학이 예의 문화의 중요성을 강조하고 예의 인식과 실천을 매우 중시했다는 점에서 『예기』의 중요성은 말할 나위가 없다.

『춘추』는 사관이 기록한 노(魯)나라 242년 간의 궁정 연대기인데, 이를 공자가 『춘추』의 관점에서 가감을 한 역사철학서이다. 순자가 『춘추』를 처음으로 경전으로 인정하였는데, 이것은 최초의 편년체(編年體)의 역사서이다. 사건에 의해 의리를 피력한 이념의 책이며 명분의 책이다. 즉 인의(仁義)의 춘추필법(春秋筆法)을 적용해 일자포폄(一字褒貶)의 원리로 역사를 평가한 저술이다. 맹자에 의하면 세도(世道)가 어지럽고 이단설이 횡행하고 신하가 임금을 죽이고 자식이 부모를 죽이는 심각한 윤리적 위기에서 공자가 이를 우려하여 『춘추』를 지었다 한다. 『춘추』의 해석서에는 공자의 문인 좌구명(左丘明)이 지었다는 춘추해석서 『좌씨전(左氏傳)』이 있고, 자하(子夏)의 문인 공양고(公羊高)가 지었다는 『공양전(公羊傳)』이 있고, 자하의 문인 곡양적(穀梁赤)이 지었다는 『곡양전(穀梁傳)』이 있다. 주자에 의하면 『좌씨춘추』는 사학(史學)이고 『공양춘추』, 『곡양춘추』는 경학(經學) 즉 철학이라고 평가하였다.

그밖에 예(禮) 3전(傳)은 『주례(周禮)』, 『의례(儀禮)』, 『예기(禮記)』를 말하는데, 『주례』는 주나라 왕조의 관제에 관해 기록한 예서이고, 『의례』는 사(士) 계급에서 행해진 주말 한초의 풍속이나 종교, 윤리 등 관혼상제의 의식을 기록한 예서이다. 또한 『이아(爾雅)』는 사전류에 속하는 경전이고, 『효경』은 효의 윤리를 담은 경전이다.

3. 유학의 특성

유학은 불교, 도가와 함께 동양 사상을 대표하는데 그것들과 어떻게 구별되는가? 또 서양의 기독교 문화와는 무엇이 다른가?

첫째, 유학은 무엇보다 인간과 사회에 대한 관심이 크다. 기독교가 신 중심의 경향성을 가지고 있고, 도가 철학이 자연 중심적이라면 유학은 인간 중심적이라고 말할 수 있다. 유학의 관심사는 신도 아니고 자연도 아니다. 인간을 설명하기 위해 신과 자연을 말하고 하늘과 땅을 말하지만 주된 관심은 인간 그리고 그들이 모여 사는 사회에 있다. 이른바 수신(修身), 제가(齊家), 치국(治國), 평천하(平天下)가 유학의 범주다.

둘째, 유학은 현세적이고 세속적이다. 유학은 저 세상을 바라지도 않고 걱정하지도 않는다. 오로지 이 세상을 근심하고 걱정한다. 죽고 난 후 내세는 있는지 천국과 지옥은 있는지 이런 문제에 대해 유학은 관심이 없다. 그러므로 유학의 경전들은 한결같이 이 세상의 현실 문제를 논하고 있다. 저 세상의 신비로운 세계, 저 세상의 복음을 말하지 않는다. 그러므로 개인의 자기 관리로부터 가정관리, 사회적 책임과 윤리, 국가 공동체에 대한 태도, 지구촌 인류의 행복에 관해 근심하고 걱정한다. 또 나라의 부강과 민생을 걱정하고 인간 생활의 보다 나은 편리와 발전에 관심 갖는다. 아울러 유학은 다른 종교들이 더럽다고 꺼리는 세속에 대해 긍정적 관점을 갖는다. 유학은 결코 세속을 떠나지 않고 오히려 세속의 중심에 서서 세속을 바로 잡고 세속을 정화시켜 좋은 세상으로 만들고자 한다.

셋째, 유학은 윤리적 가치를 매우 중시한다. 인간이 추구해야 할 가치는 다양하지만 그 중에서도 유학은 윤리적 가치를 매우 중요하게 생각한다. 그것은 윤리야 말로 인간이 다른 동물과 차별화되는 경계에 있다고 보기 때문이다. 유학은 인간을 도덕적 존재로 보고 우리가 추구해 나갈 세상은 윤리가 구현되는 것을 그 이상으로 삼는다.

넷째, 유학은 종합적인 학문이다. 유학은 철학도 되고 문학도 되고 사학도 된다. 또한 유학은 경세학도 되고 교육학도 되며 심리학도 된다. 아울러 유학 속에는 사회학, 미학적인 요소도 포함되어 있다. 이렇게 다양한 학문의 영역을 포함하고 있는 것이 유학이다.

다섯째, 유학은 근본적으로 수기치인(修己治人), 내성외왕(內聖外王)의 구조를 갖는 데 특징이 있다. 유학은 개인과 공동체를 아울러 생각한다. 만사의 근본이 개인의 수기에 있다고 본다. 인간 주체의 성실성 확보가 만사의 근본이라는 말이다. 유학은 개인의 수기를 통해 사회적 봉사, 헌신의 길로 나아가야 한다고 생각한다. 홀로 자신만의 수기를 도모하는 것은 반쪽 유교요 올바른 유학이 아니다. 참된 유학은 반드시 개인적 수기로부터 사회, 국가, 세계에 대한 참여와 봉사로 나아가야 한다.

4. 한국유학의 전개와 특성

우리나라에 유학이 언제 어떻게 들어왔는가 하는 것은 정확히 알 수가 없다. 다만 한사군(漢四郡) 시대에 한자 전래와 함께 원시유학도 들어왔을 것이라는 설이 유력하다. 한자는 단지 문자로서만이 아니라 그 속에 사상과 철학을 담고 있기 때문이다. 유학은 삼국시대 이미 보편화되어 불교와 더불어 중핵적 사상으로 그 위상을 보여 준다. 372년(고구려 소수림왕 2년)에 이미 고구려에 태학(太學)을 세우고 경당(扃堂)에서 오경이 교과서로 사용된 기록이 나타나고 있다. 백제에서는 유교적 질서가 예법으로 강화되고 있고, 왕인(王仁), 고흥(高興), 아직기(阿直岐), 진손왕(辰孫王) 등에 의해 유학이 일본에 전파되었다. 신라의 경우는 682년(신문왕 2년) 국학(國學)을 세우고 마찬가지로 유학의 경전을 중심으로 교육하였다. 또한 강수(强首), 설총(薛聰), 최치원(崔致遠) 등에 의해 유학이 장려되었고, 화랑의 세속5계도 유교적 내용과 체계를 많이 함축하고 있다.

고려는 불교를 국가 이념으로 삼고 있었지만 정치나 교육의 측면에서는 유학이 중요한 역할을 했다. 고려 유학을 형성하는 데 중추적 역할을 사람으로는 제6대 임금 성종과 최승로(崔承老), 최충(崔冲)이 있다. 성종은 고려 역대 임금 가운데 유교를 숭상하고 유교의 이념을 실현하고자 노력한 대표적인 임금이다. 그는 유교적 왕도 정치의 실현에 앞장서서 민본을 정치의 근본으로 삼고 오륜의 질서 확립과 유교적 학교교육을 강조하였다.

또한 최승로는 고려조 여섯 임금을 섬긴 원로 유학자였다. 그는 성종의 명에 의하여 시무(時務) 28조를 올리고 당시 불교의 폐단을 지적하고 유교의 부흥을 건의하였다. 그는 말하기를 불교를 믿는 것은 수신의 근본이요 유교를 닦는 것은 나라를 다스리는 근본이다. 수신은 내생(來生)의 바탕이요 나라를 다스리는 것은 금세(今世)의 마땅히 힘써야 할 일이다. 금세는 지극히 가까우나 내세는 지극히 먼데 가까운 것을 버리고 먼 것을 구하니 잘못이다라고 하였다. 이처럼 유학이 나라를 다스리는 정치의 근본이라 하고 불교의 비현실성을 비판하였다.

최충은 문종으로부터 추충(推忠) 등 9개의 공신호(功臣號)를 받은 역대의 유종(儒宗)이다. 최충은 우리나라에서 최초로 사학을 세우고 많은 인재를 가르쳐 하나의 학파 또는 학통을 이루었다. 최충의 구재학당(九齋學堂)은 일종의 사립대학으로 학년에 따라 건물과 교과 내용을 9개로 나누어 9재라고 한 것 같은데, 그것이 학당의 고유한 이름인지는 확실치 않다. 최충의 문헌공도(文憲公徒)를 비롯하여 12도가 설립되어 유학을 가르쳐 '해동공자(海東孔子)'라는 별명을 가졌다.

1289년(충렬왕 16년) 안향(安珦: 1243~1306)은 충선왕을 따라 원나라 서울에 가서 약 4개월을 머물렀는데 그 이듬해 돌아올 때 주자전서를 가져왔으며, 귀국 후에는 박사 김문정(金文鼎)을 보내 공자 및 72현의 초상과 제기(祭器), 악기(樂器), 육경(六經), 자사(子史)를 구해 오도록 하였다. 그 후 백이정(白頤正: 1260~1340)은 원경에 가서 10년을 머물며 성리학을 배우고 성리서를 구하여 돌아왔다. 또 권부(權溥)는 사서집주를 간행해 널리 보급하였고, 우탁(禹倬)은 이천역(伊川易)을 해석해 가르쳤으며, 최해(崔瀣), 최문도(崔文度)도 원나라에서 성리학을 배워 온 학자들이다. 이들은 안향 이후 성리학을 고려에 소개하는 데 1차적 임무를 수행한 사람들이다.

그 후 성리학 뿐만 아니라 경학, 문장 등 통유(通儒)로서의 폭넓은 학문을 했던 이로서 이제현(李齊賢), 이곡(李穀)이 있다. 이제현은 백이정의 제자이고 이곡은 이제현의 제자가 된다. 따라서 여

말 성리학의 초기 계보는 안향-백이정-이제현-이곡으로 이어진다. 이제현은 28살 때 충선왕이 원경에서 만권당(萬卷堂)을 짓고 그곳의 학자들과 교류하면서 이들과 대적할 만한 인물로 발탁하여 원에 데려간 인물이다. 이곡은 이색(李穡)의 부친으로 경전, 역사, 철학, 문학 등 다방면에 능했던 통유였다.

또한 이색(李穡: 1328~1396)은 이제현의 문인으로 원나라 국자감의 생원이 되어 원나라에서 성리학을 수업하였다. 그도 문학, 철학, 역사 등 다방면에 능통했던 통유였다. 이색은 성균관 대사성으로서 성균관의 규모를 늘리고 김구용(金九容), 정몽주(鄭夢周), 박상충(朴尚衷), 박의중(朴宜中), 이숭인(李崇仁) 등 유능한 선비들을 뽑아 교수로 초빙하였다.

이후 고려 말의 성리학은 정몽주, 길재(吉再) 계열의 의리파와 정도전(鄭道傳), 권근(權近) 계열의 사공파(事功派)로 나뉘어 전개되었다. 이는 이성계의 혁명을 계기로 확연히 구별되었다. 정몽주 계열은 이성계의 혁명에 대해 반대하고 권력 탈취의 부도덕한 죄악으로 보았다. 이에 반해 정도전은 나라와 백성을 위해 혁명은 불가피하다고 보고 혁명의 정당성을 주장하였다. 이들은 시국관에 있어서도 달랐다. 정몽주 계열은 고려 말의 상황을 경장기(更張期) 즉 개혁의 시기로 보아 혁신을 통한 고려의 부흥을 추구하였다. 그러나 정도전 계열은 창업기(創業期)로 보아 이미 고려는 희망이 없고 민심이 떠났으니 다시 시작하는 수밖에 없다고 보았다. 그리고 정몽주 계열은 의리의 가치를 무엇보다 중시했다면, 정도전 계열은 현실적 입장에서 나라와 백성의 실리(實利)를 중시하였다. 고려 말 유교 지식인들의 갈등은 마침내 정도전 계열의 승리로 끝나고 고려 의 멸망과 조선의 개국을 가져왔으며, 이념적으로는 불교에서 유교 즉 성리학으로 교체되었다.

조선 초 유학은 조선 건국의 이념으로 자리하면서 정치, 교육, 문화, 사회 등 여러 면에서 큰 힘을 발휘하였고 한말까지 그 영향은 매우 컸다. 특히 종법주의적 질서 재편, 유교적 예의 문화의 제도 화, 유교 정치문화의 정착 등 많은 변화가 있었다.

15세기 말부터 약 반세기 동안 시작된 4대 사화는 정치권력을 둘러싸고 심각한 내홍을 겪게 되었고, 이 과정에서 많은 양심적 유 교 지식인의 희생이 뒤따랐다. 사림파를 대표하는 김종직(金宗直) 의 후예들인 김굉필(金宏弼), 정여창(鄭汝昌), 조광조(趙光祖) 등이 희생되고 그밖에도 많은 사람들이 조정에서 쫓겨나고 유배 가고 죽 임을 당했다. 조광조(1482~1519)는 기묘사화 때 희생되었는데 도 학의 상징적 인물로 추앙되고 있다. 도학(道學)이란 본래 유학 자 체를 말하기도 하는데 특별히 우리나라의 경우는 이 시기 사화 시 대의 유학을 말한다. 유학이 지나치게 사변화되자 실천성과 의리의 실천을 강조하게 되었다. 김종직의 문하에서 일기 시작한 이 학풍 은 『소학(小學)』을 매우 강조하였고 소학적 실천을 강조하였다.

16세기는 성리학의 전성기였다. 이언적(李彦迪: 1491~1553) 은 리(理)를 우주 자연의 근원으로 생각하고 만물은 리로 부터 창 출된다는 리유출설(理流出說)을 주장하였다. 그리고 조한보(曹漢

輔)와의 논변을 통해 불교나 도가적 태극 해석을 비판하고 유학의 리가 실리(實理)임을 논증하였다. 서경덕(서경덕: 1489~1546)은 기(氣)를 우주 자연의 근본으로 보아 선천(先天)에서는 기가 아직 고요한 상태로 있지만, 후천(後天)에서는 기가 운동 변화해 만물을 생성한다고 설명하였다. 그는 또 비록 한 조각의 촛불의 기가 눈앞에서 꺼지는 것을 본다 해도 그 남은 기는 끝끝내 없어지지 않는다고 하여 기 불멸론을 주장하였다.

이황(李滉: 1501~1570)은 이언적을 이어 주리론 철학의 체계를 세웠다. 그는 기대승(奇大升: 1527~1572)과의 논변을 통해 이기호발설(理氣互發說)을 정립하였는데, 인간의 심성에서 도덕이성의 자발성을 적극 주장하였다. 그리고 사단칠정론에서도 사단(四端)은 리(理)가 주도한 감정으로 도덕적 특수 감정이고, 칠정(七情)은 기(氣)가 주도한 감정으로 일반적 감정에 지나지 않는다고 보아 양자의 엄격한 구별을 강조하였다. 이것은 윤리적 입장에 기울어 있는 퇴계의 입장을 잘 말해 주는 것으로, 가치론 중심의 그의 철학 경향을 잘 설명해 주고 있다. 그는 어린 선조를 위해 『성학십도(聖學十圖)』를 지어 바쳤는데, 이는 유교의 심법과 정치철학을 임금에게 권한 우국충정의 표현이었다.

이이(李珥: 1536~1584)는 퇴계와 더불어 조선 성리학을 대표하는 위치에 있다. 그는 퇴계와는 달리 성리학과 함께 경세학에 조예가 깊었다. 그는 성혼(成渾: 1535~1598)과의 성리 논변을 통해 퇴계 성리학을 비판하고 이기지묘(理氣之妙)의 입장에서 기발이승

일도설(氣發理乘一途說)과 이통기국설(理通氣局說)을 주장하였다. 퇴계가 리를 지극히 높여 강조한 데 대해 율곡은 기도 리 만큼 중요 하다는 입장을 천명하였다. 즉 퇴계에 의해 부정된 기를 다시 복원 시켜 본 이가 율곡이다. 율곡은 이 세계 모든 것이 기발이승(氣發理 乘)의 존재라고 보았다. 발(發)하는 것은 기이고 그 기의 발용은 리 에 따르는 것인데, 이들의 존재 모습을 '발하는 기위에 올라 타 있 는 리' 즉 기발이승이라고 표현했던 것이다. 여기서 퇴계의 리(理) 의 발(發)이 문제가 되어 수백 년 동안 논란이 끊이지 않았다. 율곡 은 16세기 조선을 경장기로 보고 개혁의 필요성을 강조하고 폭넓은 개혁안을 제시하였다. 이러한 그의 개혁안은『반계수록(磻溪隨錄)』 을 비롯 조선 후기 실학의 선구로 영향을 미쳤다.

조선의 유학은 퇴계 이황과 고봉 기대승의 논변, 율곡 이이와 우계 성혼과의 논변 이후 학문적 갈등과 함께 정치적 갈등으로 전 개되어 나갔다. 즉 학파와 정파가 밀접히 연계되어 자연스럽게 영 남학파와 기호학파의 흐름을 형성하였다. 영남학파는 안동을 중심 으로 한 퇴계학파와 함양, 진주를 중심으로 한 남명학파(南冥學派) 로 나뉘어 전개되었다. 뒤에 남명학파는 퇴계학파에 흡수되고 마는 데, 퇴계학파가 주리적(主理的) 색채를 갖고 성리학의 이론적 연구 에 매진했다면, 남명학파는 의리의 실천에 앞장서 조식(曹植: 1501~1572)의 문하에서 임진왜란 때 많은 의병장을 배출하였다.

기호학파는 율곡학파와 우계학파로 나뉘어 전개되었는데, 율 곡학파는 김장생(金長生), 송시열(宋時烈), 권상하(權尙夏), 한원진

(韓元震) 등으로 이어졌다. 이들은 영남 퇴계학파와의 성리 논변에 매진하는 과정에서 율곡학설의 옹호와 퇴계설의 비판에 주력하였다. 한편 우계학파(牛溪學派)는 본래 조광조에 그 맥이 닿아 있는데, 성혼의 사위인 윤황(尹煌)을 통해 윤선거(尹宣擧), 윤증(尹拯)으로 이어져 갔다. 송시열과 윤증의 갈등으로 노론과 소론으로 당파가 갈라지고 자연스레 노론계는 율곡학파로, 소론계는 우계학파로 정립되었다. 우계학파에서는 조선 양명학의 개척자들이 많이 배출되었고, 성리학의 이론적 천착보다는 실심실학(實心實學)의 구현 그리고 보다 개방적 입장에서 성리학에서도 퇴계와 율곡을 넘나드는 입장을 보여 주었다.

17세기 이후 조선의 유학은 다양한 형태로 전개되었다. 임진왜란, 병자호란, 이괄의 난, 광해군의 패륜, 가뭄과 유행병의 창궐 등 내우외환의 위기에서 종래의 성리학만으로는 현실 문제를 극복하기 어려웠다. 뜻 있는 유교 지식인들에 의해 새로운 학문 움직임이 일어나 실학, 양명학, 예학, 의리학 등 다양한 모습으로 전개되었다. 또 성리학도 기호지역 권상하(權尙夏: 1641~1721)의 문하에서 호론(湖論)과 낙론(洛論)의 이론 다툼이 제기되어 2백여 년 동안 계속되었다. 실학은 당시 임진란, 병자호란 후 국력의 약화와 힘의 중요성을 깨닫고 뜻있는 유학자들에 의해 발상되었다. 이수광(李睟光), 유형원(柳馨遠), 이익(李瀷) 등은 학문의 실용적 기능을 강조하면서 농업을 중시하고 토지제도의 정상화를 주장하였다. 유형원(1622~1673)은 『반계수록』을 통해 조선의 전면적인 개혁을 추구하였고, 이익(이익: 1681~1763)은 실학의 범위를 넓혀 서학, 과학 기술까지 담고 있었으며, 그의 문인들을 통해 하나의 학파로까지 성장하였다.

홍대용(洪大容), 박지원(朴趾源), 박제가(朴齊家)를 중심으로 한 북학파(北學派) 실학자들은 청나라를 이기기 위해서는 청나라의 발전 문물을 배워 힘을 길러야 한다는 입장에서 적극적인 개방과 개혁을 추구하였다. 당시 병자호란 후 북벌 의리가 고조되는 상황에서 청나라의 문물을 배우자는 주장은 엄청난 용기가 필요했다. 이들은 중국과의 통상만이 살 길이라 주장하고, 그 법과 제도가 비록 오랑캐에게서 나왔을지라도 나라와 백성에게 이롭다면 배워야 한다는 실용주의적 태도를 표방하였다. 그리고 이들은 상업과 공업의 중요성을 말하고 돈의 필요성, 소비의 중요성을 강조하기도 했다. 정약용(丁若鏞: 1762~1836)은 조선 후기 실학을 집대성한 인물로 평가받는다. 그는 18년간의 강진 유배 생활에서『목민심서(牧民心書)』,『경세유표(經世遺表)』,『흠흠신서(欽欽新書)』등 경세서와 수많은 유교 경전의 해석서를 내 놓았다. 그는 주자에 의해 해석된 유교 경전을 자신의 입장에서 새롭게 비판하고 유교의 본래 정신으로 돌아가야 한다고 주장하였다. 예를 들면 천(天)에 대한 해석에서도 주자가 천을 천리(天理)로서 형이상학적으로 보는 데 대해 그는 영명(靈明)하여 주재하는 천으로 해석하였다. 음양(陰陽) 같은 경우도 성리학에서의 기(氣)로서 실체 개념이 아니라 빛과 그늘에 지나지 않는다고 보았다. 그는 인간관에서도 욕망을 적극 긍정해 인간의 활력으로 보고 있고, 신체와 영혼, 몸과 마음이 하나된 전체로서의 인간을 말하고 있다.

김정희(金正喜: 1786~1856)는 24살 때 청나라에 가서 당대 최고의 석학인 옹방강(翁方綱)과 완원(阮元)을 만나 평생 학문 교류를 하였다. 금석학(今石學)의 대가로 북한산비와 황초령비가 진흥왕의 순수비임을 고증하였고, 옹방강은 그를 가리켜 '경술문장 해동제일(經術文章 海東第一)'이라고 칭찬하였다. 그는 성리학을 학문의 목적으로 삼되 청대 고증학을 방법론으로 삼았다. 그는 그림, 글씨에도 뛰어났던 예술가였는데, 그의 '세한도(歲寒圖)'는 제주 유배 시절 그의 문인 이상적(李尙迪)과의 아름다운 사제 간의 의리를 보여 주는 대표적인 작품이다.

최한기(崔漢綺: 1803~1877)는 한말의 대표적인 실학자이면서 개화 사상가였다. 그는 철학, 정치, 지리, 수학, 의학, 천문, 농사 등 다방면에 박학해 많은 저술을 하였는데『명남루총서(明南樓叢書)』가 있다. 그는 전통적인 성리학의 형이상학 사변철학 또는 주리적 전통과 결별하고, 기(氣) 중심의 철학을 전개한 실학사상과 개화사상의 중간적 위치에 있었다. 그는 이기설의 기가 아닌 '신기(神氣)'라는 새로운 실체 개념을 독자적으로 설정하여 이론을 전개하고 있다. 그는 경험주의적 인식론을 전개하였는데, 선천지(先天知)를 부정하고 경험은 인체의 귀, 코, 입, 귀, 눈, 피부 등을 통해 성립한다고 보았다. 그는 신기(神氣), 운화(運化), 추측(推測), 주통(周通) 등 독창적인 언어를 사용하여 자신의 철학을 전개하였다는 점에서 주목할 만하다.

다음은 예학의 흐름에 관해 살펴보자. 예학은 일종의 윤리학으로 성리학이 지나치게 사변화되고 관념화되어 그 실천성이 결여된 데서 비롯되었다. 또한 임진왜란, 병자호란 그리고 광해군의 패륜, 당쟁으로 인한 지도층의 분열, 질병과 기근으로 인한 민생의 위기에서 인간성의 황폐화와 윤리 강상이 무너진 데서 예학의 필요성이 대두되었다. 본래 유학은 예의 문화를 중요시했는데, 내우외환의 위기 속에서 윤리 도덕의 위기를 맞아 예의 문화의 재건이 절실했기 때문이다. 성리학이 인간의 심성 문제를 철학적으로 따져 물었다면, 예학은 이를 바탕으로 실천하는 데 그 목적이 있었다. 따라서 성리학이 체라면 예학은 용이라고 할 수 있다. 성리학의 전성기를 지나 예학이 필요했던 것은 시대적 요청이라고 할 수 있다. 영남쪽에서는 정구(鄭逑), 정경세(鄭經世) 등이 예학에 밝았고, 기호 쪽에서는 송익필(宋翼弼)과 그의 문인 김장생(金長生), 김집(金集) 부자가 대표적이었다. 특히 김장생, 김집 문하에서 송시열(宋時烈), 송준길(宋浚吉), 이유태(李惟泰), 윤선거(尹宣擧), 유계(兪棨) 등이 나타나 예학의 전성기를 열었다. 특히 1659년(효종 10년) 효종이 죽자 인조의 계비인 자의대비 조씨가 효종을 위해 어떻게 복을 입어야 할 것인가 하는 예 논쟁이 일어났다. 이 과정에서 송시열, 송준길 등 서인계 학자들은 효종이 비록 임금이지만 가통(家統)으로 보면 차자(次子)이기 때문에 1년 복을 입어야 한다고 주장하고, 반면 윤휴(尹鑴), 허목(許穆) 등 남인계 학자들은 효종이 비록 차자이지만 임금을 계승하였으니 적자이므로 3년 복을 입어야 한다고 주장하였다. 결국 서인계의 1년 복으로 결정되고 서인계가 승리하였다. 그런데 다시 효종의 비이고 현종의 모후인 인선왕후가 세상을 떠나자 자의대비 조씨의 복이 문제가 되었다. 서인계 학자들은 9월 복을 입을 것을 주장하고 남인계 학자들은 1년 복을 주장하였다. 결국 1년 설이 채택되어 송시열은 유배를 가게 되고 서인계의 몰락과 함께 남인계가 집권을 하게 되었다. 두 차례의 예송(禮訟)이 당쟁과 결부되어 정치적 싸움으로 치닫게 된 것은 유감이지만, 이를 통한 예 논쟁은 학술적으로 의미 있는 일이었다. 그리고 다른 한편으로는 예학에 관한 저술이 간행되어 조선예학의 체계화와 심화에 기여하였다. 대표적인 예학적 저술로는 정구의 『오선생예설분류(五先生禮說分類)』, 『예기상례분류(禮記喪禮分類)』, 『가례집람보주(家禮集覽補註)』, 『오복연혁도(五服沿革圖)』, 『심의제도(深衣制度)』 등이 있었고, 김장생의 『가례집람(家禮輯覽)』, 『의례문해(疑禮問解)』, 『전례문답(典禮問答)』 등이 있었고, 김장생, 신의경(申義慶)의 『상례비요(喪禮備要)』, 김집의 『의례문해속(疑禮問解續)』, 『고금상례이동의(古今喪禮異同議)』, 유계의 『가례원류(家禮源流)』, 박세채(朴世采)의 『가례요해(家禮要解)』, 이재(李縡)의 『사례편람(四禮便覽)』 등이 있었다.

또한 양명학이 중국에서 들어와 은밀하게 연구되었다. 양명학이 언제 전래되었는지 정확하게 알 수 없지만, 대체로 16세기 전반기에 조선의 유학자들에게 전래된 것으로 추정된다. 퇴계가 양명학을 비판함으로서 이후 조선에서 양명학은 이단시되어 지하로 흘러 갔다. 그러나 성리학의 지나친 사변화와 분석적 경향에 염증을 느 낀 유학자들은 양명학에 대해 깊은 관심을 갖고 연구에 몰두하였 다. 조선에서의 양명학 연구에 선구적 역할을 한 이는 최명길(崔鳴 吉), 장유(張維), 이시백(李時白), 조익(趙翼) 등이다. 이후 정제두 (鄭齊斗: 1649~1736)에 의해 본격적으로 양명학 연구가 심화되었 고, 그의 문하 강화학파 학자들이 계승하여 한말 박은식(朴殷植) 등 에 의해 계승되었다.

또한 윤휴(尹鑴), 박세당(朴世堂) 등은 주자의 경전 해석에 구 애받지 않고 자주적인 입장에서 해석을 하는가 하면, 경전의 편차 에 있어서도 자신의 견해를 반영하였다. 이러한 윤휴, 박세당 등의 학문 태도는 송시열을 비롯한 보수적인 유학자들로 하여금 '사문난 적(斯文亂賊)'으로 혹독한 비판을 받게 되었다. 또한 18세기에 와 서 기호 충청도 청풍의 권상하(權尙夏: 1641~1721) 문하에서 인성 (人性)과 물성(物性)이 같으냐 다르냐 하는 인물성동이(人物性同 異) 논변이 일어나 한 시대를 유행하였다. 이간(李柬: 1677~1727) 을 비롯한 김창흡(金昌翕), 이재(李縡), 어유봉(魚有鳳), 박필주(朴 弼周) 등 서울, 경기 지역 학자들은 인성과 물성이 같다고 하는 인 물성 동론(人物性 同論) 즉 낙론(洛論)의 입장에 서 있었고, 한원진 (韓元震: 1682~1751)을 비롯한 채지홍(蔡之洪), 윤봉구(尹鳳九) 등은 인성과 물성이 다르다고 하는 인물성 이론(人物性 異論) 즉 호 론(湖論)의 입장에 서 있었다. 이는 16세기 성리학의 과제가 사단

칠정, 인심도심, 본연지성기질지성 등 인간 심성의 내면에 대한 철학적 성찰이 주된 과제였다면, 18세기에 와서는 인성과 사물의 본성을 비교해 생각하는 데로 전환되었다. 이 논쟁의 의미는 인간의 본성을 우주 자연, 사물과 같은 지평에서 보느냐 하는 것과 인간의 본성을 자연이나 사물과는 차별화하려 특수하게 보는가에 있다. 낙론에서 보면 인간은 우주 자연 만물의 하나에 불과하다. 그러나 호론에서 보면 인간은 다른 사물과 차별화되는 특별한 존재로 규정되는 것이다.

이와 같이 우리나라의 유학은 어느 시대에서나 정치, 교육, 윤리의 중핵으로 그 역할을 하였고, 조선 건국 후 성리학이 정치 이념화되면서 정치, 경제, 사회, 문화, 교육, 윤리 등 다방면에서 유교 문화가 융성하게 꽃피웠던 것이다. 특히 정치, 경제, 사회, 문화 등 모든 분야에서의 도덕화를 추구하고, 개인과 가정 나아가 사회, 국가, 세계의 도덕화를 추구한 것은 조선 유교 문화의 특징이며 자랑이라 할 것이다. 아울러 청렴과 의리 그리고 강한 우환 의식을 가진 선비 문화의 전통은 조선의 수준 높은 정치 문화를 보여 주었다.

반면 지나치게 문약(文弱)과 공리공담으로 흘러 나라의 부강과 민생의 안정을 도모하지 못한다든지, 예의 문화가 형식으로 흐르고 종법 질서가 계층 간의 차별 문화를 조장한 측면은 깊이 반성해야 할 것이다. 또한 지나치게 경직된 성리학 중심의 학술 풍토가 조성되어 다양한 학문의 융성에 방해가 된 것은 반성해야 할 일이다.

오늘날 유학은 역사의 골동품으로 외면받고 있다. 서구 문화,

기독교, 첨단 과학기술의 범람 속에서 유학은 겨우 명맥만 유지하고 있다. 그렇지만 인간성의 위기 속에서 유학의 진가는 더욱 빛나고, 윤리적 위기 속에서 유학의 필요성은 더욱 절실하다. 특히 모든 종교들이 개인의 행복과 건강을 위해 세속을 거부하고 초월 세계를 지향하는 시대에서 세속에 살면서 세속을 바르게 지키려는 유학의 신념과 이상은 매우 값진 것이다.